京港澳高速公路改扩建系列丛书

U0649356

路面工程施工技术指南

湖北交投京港澳高速公路改扩建项目管理有限公司　主编

人民交通出版社

北京

内 容 提 要

本指南针对京港澳高速公路湖北省豫鄂界至军山段改扩建工程,系统阐述了路面施工的技术标准与管理要求,内容涵盖工程背景、管理规范(技术、人员、材料及信息化管理)、集料加工与运输标准、智慧化场站建设、数字化施工(无人摊铺碾压、实时监测预警)、既有路面病害处治与再生利用、基层与沥青路面(含 ATB/AC/SMA 及 PA-13 排水路面)施工工艺等核心环节。

本指南可供高速公路改扩建工程项目参建单位和参建人员使用。

图书在版编目(CIP)数据

路面工程施工技术指南 / 湖北交投京港澳高速公路改扩建项目管理有限公司主编 . — 北京 : 人民交通出版社股份有限公司, 2025. 5. — ISBN 978-7-114-20402-9

Ⅰ. U416.204-62

中国国家版本馆 CIP 数据核字第 2025C2W547 号

Lumian Gongcheng Shigong Jishu Zhinan

书　　名:路面工程施工技术指南

著 作 者:湖北交投京港澳高速公路改扩建项目管理有限公司

责任编辑:郭晓旭

责任校对:龙　雪

责任印制:张　凯

出版发行:人民交通出版社

地　　址:(100011)北京市朝阳区安定门外外馆斜街3号

网　　址:http://www.ccpcl.com.cn

销售电话:(010)85285857

总 经 销:人民交通出版社发行部

经　　销:各地新华书店

印　　刷:北京科印技术咨询服务有限公司数码印刷分部

开　　本:880×1230　1/16

印　　张:10

字　　数:204千

版　　次:2025年5月　第1版

印　　次:2025年5月　第1版　第1次印刷

书　　号:ISBN 978-7-114-20402-9

定　　价:68.00元

(有印刷、装订质量问题的图书,由本社负责调换)

本书编委会

主　　编	沈典栋				
副主编	杨　琴	马　明	余　坚	丁润铎	余　鑫	尘福涛
编写人员	刘柏平	史立民	姜海光	魏　强	蔡勤峰	张后军
	孙　勤	张小君	陈齐宣	李原宝	宋　挺	俞素丽
	胡　澍	曾建军	王显赫	何敬烨	胡　腾	王洪波
	曾文超	沈林良	黄正远	黄　崇	周　阳	夏　飞
	周　伟	彭　磊	吴　飞	孙东坡	张　伟	张根全
	刘上民	苗　涛	王梓谦	曾华祥	纵　锟	

前　　言

当前,我国正处于以中国式现代化全面推进强国建设、民族复兴伟业的关键时期,交通运输是国民经济中基础性、先导性、战略性产业,高速公路作为现代综合交通运输体系的关键组成部分,对推动经济社会持续健康发展、促进区域间协调联动发挥着举足轻重的作用。

湖北正全面加强交通强国试点建设,高速公路发展环境和要求也发生着深刻变化,突出"优化扩容、内外互通",代表着高质量发展的高速公路改扩建成为主流,并加速步入智能化、绿色化的全新发展阶段。作为最具代表性的项目之一,京港澳高速公路湖北省豫鄂界至军山段的改扩建工程不仅是我国交通基础设施建设领域的标志性项目,承载着缓解交通拥堵、提升通行能力的重要功能,更是智能建造、环境保护、废旧材料循环再利用及可持续发展理念深度融合的实践典范,对于增强国家综合运输效能、推动经济社会高质量发展具有深远意义。

为打造平安百年品质工程,提高路面工程质量,提升管理效率,大力推行"机械化换人、自动化减人",以最少的资源占用、最低的污染排放、最轻的环境影响、最具特色的荆楚景观、最聪明的智慧服务体验,打造资源节约型的自然和谐舒心之路,湖北交投京港澳高速公路改扩建项目管理有限公司精心策划并编制了《路面工程施工技术指南》(简称《指南》),其内容涵盖总则,管理要求,集料加工与储运,路面场站标准化建设,路面数字化施工,既有路面病害处理、硬路肩铣刨及路面拼接,基层,沥青路面热再生,密集配沥青路面,PA-13排水沥青路面,改性聚氨酯钢桥面铺装,透层、封层和黏层,施工安全保证措施、主要生产危险源及管理措施等十四个关键领域。《指南》在编制过程中,汇聚了技术专家、生产管理人员及一线专业人员的智慧结晶,充分借鉴了国家及行业最新标准规范,并吸收了各省(区、市)高速公路改扩建工程的宝贵经验,同时,结合项目实际需求,积极采纳施工、监理及行业主管部门等单位的合理化建议,确保了内容的科学性、严谨性、实用性和创新性。

本《指南》深刻诠释了智能建造的核心价值理念,系统性地融入了无人摊铺、无人碾压等前沿施工技术的创新实践,可显著提升路面工程施工精度与效率,有效降低人为因素对施工质量的不良影响,为行业树立标准化、规范化、智能化的全新典范。同时,《指南》高度重视环境保护与资源节约,通过实施严格的环保措施和再生利用技术,着力实现经济效益与环境效益的双赢,为国家生态文明建设与可持续发展战略的深入推进贡献一份力量。

在此,衷心感谢中路交建(北京)工程材料技术有限公司、湖北交通智能检测股份有限公司、武汉大通工程建设有限公司、湖北高路公路工程监理咨询有限公司、湖北省公路水运工程咨询监理有限公司、湖北省路桥集团有限公司、中铁十九局集团有限公司、中铁二十局集团有限公司、中铁十一局集团有限公司、中交第二公路工程局有限公司等单位的大力支持与指导,为《指南》的编制奠定了坚实基础。

本《指南》的发布,将为京港澳高速公路改扩建工程路面施工提供全面的技术支撑与质量保障,也可为全国公路工程项目的智能化、绿色化建设提供有益的参考与借鉴。我们诚挚邀请广大读者在实践中提出宝贵意见,共同推动技术标准的持续完善与创新,携手书写交通强国建设的新篇章。

编委会

二〇二五年三月

目　　录

1 总 则

1.1　为规范京港澳高速公路湖北省豫鄂界至军山段改扩建工程路面工程施工质量控制,特制定本指南。

1.2　本指南主要依据国家、交通运输部、湖北省、中国工程建设标准化协会等颁布的相关标准、规范、规程、指南、文件及行业内成熟先进施工经验和管理经验编制。依据文件如有更新,以最新文件为准。

1.3　本指南立足高质量发展理念,兼顾管理和技术要求,凝聚改扩建工程路面施工标准化成果和行业内成熟的工艺、工法以及先进的技术、管理经验,兼顾指导性和灵活性。

1.4　现场施工应重视试验室、现场施工测量人员的管理,注重技术力量等软实力的储备,材料、机械、人力是路面施工质量的核心因素。

1.5　本项目路面工程施工应遵循安全优质、以人为本、生态环保、资源节约的原则,并符合以下规定:

(1)应服从质量、施工环境、材料准备等相关要求,保证合理工期。

(2)应推行路面"零污染"施工理念,防止路面层间污染,提高路面工程耐久性。

1.6　路面工程施工组织设计应考虑实施性交通组织方案,合理规划施工材料运输路线,设置路侧开口,减少对交通运行的影响。

1.7　路面工程施工与其他专业施工交叉繁多,施工单位应建立交通管制制度,避免污染路面,确保施工安全。

1.8　路面工程应充分利用产生的固体废弃物,减少资源浪费或环境污染。

1.9　施工单位应对全线既有道路路面高程数据进行复测,重点关注路桥过渡段和超高路段等,差异较大的应重新拟合。

1.10　既有道路路面封闭后,应组织各参建单位充分调查和评估既有道路路面状况,综合分析路面损坏原因,优化既有道路路面病害处治方案。

1.11　路面工程应加强对既有道路路肩的路面结构强度、排水设施的检测评估,合理利用既有道路路肩。

1.12　路面施工之前,应对路床检测得到的弯沉数据进行认真分析和处理,及时发现和解决存在的问题。对于不满足设计要求的路床,应采取相应的修复措施进行整改。

1.13　为提高桥面的平整度、增强铺装层与桥面的黏结性、延长桥面的使用寿命,桥面铺装之前应采用精铣刨处理。

1.14 京港澳高速公路湖北省豫鄂界至军山段改扩建工程的典型结构组合与材料设计见表1-1(具体以设计图纸文件为准)。

京港澳高速公路湖北省豫鄂界至军山段改扩建工程典型结构组合与材料设计 表1-1

结构	层次				
	沥青	石料	主线	桥面	改性聚氨酯钢桥面
上面层	SBS I-D/高黏改性	抗滑石料	4cm SMA-13/PA-13	4cm SMA-13/PA-13	6cm SMA-13
黏层	PCR改性乳化沥青,洒布量0.3~0.6kg/m²				HYZ黏结材料,洒布量0.8~1.0kg/m²
中面层	SBS I-D	石灰岩	6cm AC-20C	6cm AC-20C	20mm ECO改性聚氨酯混凝土
黏层	PCR改性乳化沥青,洒布量0.3~0.6kg/m²				防水黏结层,ECO改性聚氨酯黏结剂,用量0.15~0.3kg/m²
下面层	SBS I-D/70号A级	石灰岩	8cm AC-25C		
黏层	PCR改性乳化沥青,洒布量0.3~0.6kg/m²			底涂层+防水黏结层	
柔性基层	70号A级	石灰岩	8cm ATB-25(或热再生)		
下封层	同步沥青碎石封层				桥面钢板,抛丸除锈,清洁度Sa2.5级、粗糙度60~100μm
透层	PC-2乳化沥青,洒布量(1.0±0.3)kg/m²				
基层	36cm 5.0MPa水泥稳定级配碎石				
底基层	20cm 3.0MPa水泥稳定级配碎石				
垫层	18cm级配碎石				

2 管理要求

2.1 一般规定

(1)施工单位进场后应进行现场考察,收集气象、水文及地质等资料,结合工程特点,调查沿线料源分布和交通状况,落实水泥稳定级配碎石、沥青混合料拌和站的具体位置、占地面积、平面布置及变压器的安装位置等工作,并汇编调查报告和临时工程建设方案,报请建设单位(总监办)批准后,进行驻地布置和建设。

(2)路面施工项目经理部、小型构件预制厂、拌和站建设应符合招标文件的要求。

(3)路面施工作业应安排专业化队伍进行,施工前应根据施工合同要求、质量技术标准、施工进度计划、施工技术水平等,制订详细的劳动力及设备使用计划,并及时组织进场,以满足施工需要。

(4)在试验段开始至少14d前,施工单位应提出铺筑试验段的施工方案并报送驻地监理单位审批。施工方案应包括施工人员、机械设备、材料检测结果、配合比设计、配合比验证、施工工艺、质量保证措施等详细说明。

(5)路面各结构层正式施工前应铺筑试验段,并根据试验段总结指导后续施工。沥青面层施工应进行两阶段验证工作,即试拌和试铺。试验段总结报告的内容主要包括施工概况、施工方案(含施工设备、仪器、人员、施工组织、材料、配合比、施工工艺等)、质量保证措施、检测数据、安全文明施工、应急预案、缺陷分析及采取的整改措施、效果评价及结论等。试验段总结报告编写要求应符合本指南附录A的有关要求。

(6)路面标段应加强沥青路面平整度指标的控制,沥青路面平整度总体目标为:上基层平整度 $\sigma \leqslant 2.4$mm,ATB-25柔性基层平整度 $\sigma \leqslant 2.0$mm,AC-25C下面层平整度 $\sigma \leqslant 1.2$mm,AC-20C中面层平整度 $\sigma \leqslant 1.0$mm,SMA-13/PA-13上面层平整度 $\sigma \leqslant 0.8$mm。

(7)为保证沥青路面边缘的整齐、平整,提高线形的美观性和边缘耐久性,对于沥青路面施工应进行边缘模板支护(图2-1),沥青路面未完成边缘模板支护前不得进行施工。模板支护要求如下:

①模板定位:根据路面线形,确定模板的准确位置,用标记笔在道路边缘做出标记。

②支护模板需要考虑其材质、尺寸和耐用性。材质应具有较强的刚度和稳定性,建议采用槽钢。

③模板使用前应检查变形情况,并打磨修复,清除杂质。

图 2-1　路面边缘模板支护

④模板高度应根据结构层厚度确定,模板厚度应不小于5mm,直线段单条模板长度宜为3~5m,弯道单条模板长度宜为1~2m,总拼接长度应根据当日施工计划确定。

⑤模板安装前,应将基层顶与模板的接触带整平,沿立模连线将其贴立在基层顶面上,模板之间采用螺栓连接,接头应连接紧密;模板侧面每米应埋设一处地锚牢固支撑,保证在沥青混凝土碾压时能经受冲击和振动。

⑥模板应安装稳固,接头紧密平顺,不得有离缝、前后错茬、高低错台等现象。严禁在基层上挖槽,嵌入安装模板。模板与沥青混凝土的接触表面应涂隔离剂,以不黏结沥青混合料为度。

⑦模板安装完毕,应对立模的平面位置、高程、横坡、相邻板高差、顶面接茬平整度等安装精确度进行全面检查。

⑧模板拆除后,外露界面应整齐、平整、平顺,如图2-2所示。

图 2-2　模板拆除后界面

2.2 技术管理

（1）开工前，施工单位应对设计文件进行复核，对设计中存在的问题及时提请设计单位解决，并参加建设单位（总监办）组织的设计技术交底。

（2）施工单位应在签订合同协议书后28d内完成项目施工策划，并及时编制实施性施工组织设计。

（3）开工前，施工单位应根据现行《公路工程质量检验评定标准　第一册　土建工程》（JTG F80/1）编制本项目"单位、分部、分项工程的划分表"，并书面报送建设单位（总监办）审批，作为工程内业资料编制的依据之一。

（4）开工前，施工单位应将总体开工报告报送建设单位（总监办）审批，其内容应包括：项目经理部组织机构、质量保证体系、安全生产责任体系和劳动力安排，材料、机械及检测仪器设备进场情况，水电供应，临时设施的修建，施工方案准备情况、安全保障措施、环境保护措施等。

（5）施工单位应在分部或分项工程开工前14d，向建设单位（总监办）提交分部分项工程开工报告，其内容应包括施工路段、工程名称、现场负责人名单、施工组织和劳动力安排、材料供应及机械进场等情况、材料试验及质量检查表、水电供应、临时工程的修建、施工方案进度计划及其他需要说明的事项。

（6）工地试验室开展试验检测工作前，应按照规定完成登记备案，并对试验仪器进行标定。

（7）设计文件中应明确沥青性能（PG）分级技术要求，采购的沥青必须满足设计要求。首次入场沥青必须进行PG分级技术检测；后续到场沥青如发现针入度、软化点、延度指标检测存在较大偏差，应加测PG指标。到场沥青应按路面施工图的要求频率抽检针入度、软化点、延度等指标，施工单位应逐车快检、留样并建立台账。

（8）宜采用红外光谱法对进场70号道路石油沥青和SBS改性沥青进行检测，红外光谱相似度宜不小于98%；进行SBS改性沥青中SBS掺量检测时，掺量偏差应不大于−0.2%，具体试验方法参照本指南附录E的有关要求。

（9）施工单位应对项目经济运输范围周边料场进行全面调查，选择满足工程需求、设计指标要求的料源，并在配合比设计中予以明确。设计文件中必须明确沥青路面集料高温压碎值的技术要求，施工单位使用前应对高温压碎值进行检测，符合要求后方可使用。集料加工应采用碎石联合破碎筛设备，设置母料场，完善除渣、除尘设备及工艺，采取有效措施控制含泥（含尘）量和软石杂岩含量。集料加工应采用三级及以上破碎工艺，其中第二级应采用反击式或者圆锥式破碎机，严格控制集料针片状颗粒含量。集料外购的，施工单位应派专人驻场管控,避免以次充好,做到从采石、加工、运输、收料全程可控,并加强抽检,保证集料加工质量稳定。

2.3 人员管理

2.3.1 建设单位(总监办)

(1)建设单位(总监办)应牵头成立专门的路面专班,负责路面施工过程中的协调与质量控制。

(2)路面专班应由建设单位(总监办)、中心试验室、驻地监理单位、咨询单位等单位的相关负责人组成。

(3)路面专班应对项目全线各标段的路面施工质量及时进行巡查,发现问题应立即要求施工单位整改到位。

(4)建设单位(总监办)应有计划地组织路面施工技术培训,提高路面管理组成员的专业知识和管理水平,以便更好地服务于本项目路面工程施工。

2.3.2 中心试验室

(1)中心试验室应配备符合资格和数量要求的检测工程师和助理检测工程师,配备人数应满足路面工程施工管理的要求。

(2)中心试验室主任、检测工程师和助理检测工程师等人员应通过建设单位(总监办)的考核,考核不合格的,应及时更换。

(3)中心试验室应组织路面工程检测人员进行各种形式的技术培训学习,以掌握路面工程有关规范、标准、规程对质量工作的要求,了解和掌握路面工程新技术的发展动态。

2.3.3 驻地监理单位

(1)驻地监理单位应按照路面工程监理模式和现场监理工作的实际需要,配备符合资格和数量要求的路面专业监理工程师和监理员。项目监理员配置人数应满足路面工程施工管理的要求。

(2)驻地监理单位实行路面工程监理工程师岗位责任制,总监理工程师、副总监理工程师、驻地高级监理工程师、路面监理工程师以及旁站监理等人员应通过建设单位(总监办)的考核,考核不合格的,应及时更换。

(3)驻地监理单位应组织路面工程监理人员进行岗前技术交底与技术教育培训,以掌握路面工程有关规范、标准、规程对质量工作的要求,了解和掌握路面工程新技术的发展动态。

2.3.4　施工单位

(1)施工单位在投标文件中列报的主要工程技术人员应全部到位并常驻现场进行管理,保持岗位管理人员的相对稳定性。

(2)施工单位如需更换主要工程技术人员,应事先得到建设单位(总监办)的批准,且更换人员与被更换人员相比应拥有同等及以上资历。建设单位(总监办)考核已委派人员的工作能力和业务水平不称职,需要撤换时,施工单位应在接到通知后,尽快更换为合格的人员。

(3)推行施工人员实名认证制度。施工单位应向驻地监理工程师提供拟在工程项目任职的施工人员名单,驻地监理工程师应对符合资格要求的施工员进行登记造册,颁发施工员证并定期组织施工考勤。

(4)施工人员(现场施工和试验检测等人员)应通过建设单位(总监办)的能力考核,考核不合格的,应及时更换。

(5)每个正在进行施工的工点应有足够数量的施工管理人员在现场。施工员必须佩戴项目施工员证上岗,未按要求佩戴的视为不在岗。

(6)施工单位相关技术人员应积极参加建设单位(总监办)、驻地监理单位、路面技术咨询单位等举办的培训和专业讲座,且应自行举办专业知识培训和考试,以提高路面施工人员的管理和技术水平。

2.3.5　设计单位

(1)设计单位在路面工程施工过程中应派驻路面工程设计代表至少1人(工程师及以上职称),并书面向建设单位(总监办)明确驻现场设计代表工作职责与权限。路面设计代表应随时掌握施工现场情况,配合施工并解决施工过程中发现的设计问题。

(2)设计单位如需更换上述人员,应事先得到建设单位(总监办)的批准,且更换人员与被更换人员相比应拥有同等及以上资历。

2.3.6　咨询单位

(1)咨询单位应成立现场技术咨询服务组,路面咨询标段应配备足够的常驻现场技术咨询人员。

(2)咨询单位如需更换上述人员,应事先得到建设单位(总监办)的批准,且更换人员与被更换人员相比应拥有同等及以上资历。

2.4 材料管理

2.4.1 一般规定

(1)路面工程所使用的集料、沥青、水泥、纤维等材料应实行准入制。进场之前应将产地、品牌、型号、数量、检验结果等详细资料报驻地监理单位审批同意后方可进场。

(2)应加强对集料、沥青、水泥、纤维等主要原材料的质量控制,对进场材料施工单位均应严格自检,确保质量。试验数据应进行信息化管理,不得将不合格的原材料用于工程或变相用于工程。

(3)施工单位应组织建设单位(总监办)、中心试验室、驻地监理、路面咨询对沿线的石场进行实地调查,结合石场资质、环保条件、宕口储量、生产能力、加工工艺、出场价格、运距运能、存放条件、成品质量、化学组成以及岩性、pH值等指标,选择适合于面层、基层用的碎石供应石场。

(4)应充分利用石质挖方生产路面集料,宜建立集料集中破碎加工中心,降低建设成本,节约弃渣占地。

(5)各结构层正式施工前,材料储量应满足连续施工的需要,基层集料备料应达到该结构层所需总量的30%以上,沥青混凝土面层集料备料应达到该结构层所需总量的40%以上。

(6)驻地监理单位应建立沥青及沥青混凝土使用台账,及时进行沥青实际用量和设计用量的校核。

2.4.2 集料管理

(1)确定集料进场前,施工单位应先评估石料的岩性、岩质均匀性及存量,由中心试验室、驻地监理单位、咨询单位、施工单位联合取样,进行原材料的全套试验检测评价。

(2)料场评估和抽检满足要求后,施工单位应将评估情况、试验检测结果、生产线配置与产能、加工设备型号以及场地布置等书面上报中心试验室、驻地监理单位、咨询单位,由中心试验室组织对料场进行实地考察和评价,经建设单位(总监办)同意、驻地监理单位书面批准后方可选用。

(3)施工单位应指定专职材料管理员与试验检测人员监管石(砂)场运转情况,定期检测集料性能指标。驻地监理工程师应对石料从生产到使用的全过程进行严格监理,认真履行监理职责。

(4)中心试验室、驻地监理应对石料加工场、拌和站堆料场碎石进行不定期抽检。若抽检发现碎石指标未达到有关技术要求,而驻地监理工程师未及时向建设单位(总监办)

反映,除对施工单位按照有关规定进行处罚外,还要追究石场与拌和站驻地监理人员的责任。

(5)集料生产时施工单位应在石场建立简易试验室,施工单位应各派专人至面层石场对集料加工进行全过程监督和质量抽检。驻石场人员的主要工作内容应包括:

①从源头控制母材质量,确保母材符合加工质量要求,督促石场对母材块石进行分拣和验收,同时督促石场自检,防止成品料污染,确保出场集料的质量。

②在石料加工现场对成品集料进行抽检,检测频率为每个生产日不少于一次。试验项目包括各档集料的针片状颗粒含量、含泥量及砂当量等常规指标,并对相关检测结果建立台账并进行汇总。

③经常性地对生产区域进行巡查,对存在质量异议及污染的集料进行相关试验检测,检测不合格的集料应清理出场。

④做好碎石生产监督记录,每天对碎石生产起止时间、停顿时间、停顿原因、生产数量及质量情况做如实记录,发现问题及时向驻地监理单位和中心试验室反映。

⑤建立出厂合格证制度,出厂集料应有各方签认的合格证。

(6)集料进场后,施工单位应向驻地监理工程师提交检测报告,检测合格并经驻地监理工程师批准方可使用。

(7)施工单位应配备材料专职管理人员负责拌和站原材料的质量和数量管理。专职材料管理员负责建立材料管理台账,每10d统计1次各种规格材料的数量、自检结果、料源生产情况及不合格材料处理情况,并由驻地监理工程师签认。

(8)施工单位不得随意改变集料的来源,未经批准的材料不得用于所建项目。驻地监理工程师应对集料生产使用的全过程进行严格监督,切实加强巡查和抽检力度,建立原材料抽检台账,认真履行监理职责。驻地监理单位应根据施工单位在加工场地、拌和站的自检结果,按规定频率抽检,合格后该批原材料方可使用。

(9)施工单位应在后场拌和站安装原材料视频监控系统,有条件的情况下在石场安装视频监控系统,监控材料的加工及使用情况。

2.4.3 沥青管理

(1)供应给施工单位的沥青应具有齐全的质保证明,并按相应的标准和试验规程进行材料性能试验或质量检验,其质量应符合本指南的规定,不合格材料不得用于路面工程。

(2)对运输到工地现场的改性沥青,供应商应随车提供每一生产批次检验的全套指标试验结果,同时应进行沥青四组分含量检测试验指标对比,并注明改性沥青生产批次、生产日期和保质期等。

（3）为确保用于路面工程的沥青材料质量，施工单位应派专人进驻普通沥青库和改性沥青加工厂，监管进库储存的沥青。驻库人员负责储存罐的铅封、记录储存罐进库数量和调拨数量。监督改性沥青的加工生产、质量监控、成品抽检。收集沥青运送单，协调发货计划和运输，监管沥青中转过程。

（4）沥青供应商应在沥青运输车辆上加装卫星定位系统，建设单位（总监办）、中心试验室、驻地监理单位、咨询单位和施工单位可随时通过网络对运输车辆进行监控，确保沥青运输车辆为项目既定车辆。

（5）沥青质量管理办法具体见本指南附录B。

2.5 信息化管理

2.5.1 一般规定

（1）施工单位应组织制定路面信息化管理的实施方案。路面施工信息化管理系统包括后场拌和站信息化管理、前场施工工艺信息化管理和工地试验室信息化管理。信息化管理系统未建立前，不允许施工。

（2）施工单位应组织路面管理相关人员对设备监控参数进行合理设定，提高信息化监控的实用性、高效性和准确性。

（3）信息化监控系统实施单位技术人员应指导施工单位、中心试验室、驻地监理单位、咨询单位技术人员熟练使用系统，并对系统进行日常维护，保证信息化监控系统的正常运行。

（4）施工单位应保证信息化监控系统运行正常，不得以断网、断电等方式破坏系统正常运行，不得借故关闭信息化监控系统或自行拆除监控设备。

（5）沥青混合料运输宜安装信息化监控系统，监控运输车辆行驶路线及该车沥青混合料所施工的路段等。

2.5.2 后场拌和站信息化管理

（1）施工单位进场的拌和站应能满足安装质量监控系统的一切条件。施工单位应为系统安装调试提供便利条件，不得以任何借口拒不安装质量监控系统。

（2）沥青混合料拌和站、水泥稳定碎石拌和机信息化管理系统的监控内容及报警触发条件应符合本指南附录C的有关规定。

（3）为保证数据的正常传输，应确保网络畅通，宜采用有线网络，条件不具备时可采用移动网络。

（4）沥青混合料拌和站监控系统应具备自动选择沥青混合料类型的功能，防止沥青拌和站所生产的混合料类型与设定的配合比不符。

（5）监控系统应能随拌和站运行而自动运行，监控系统所采用的硬件及软件应稳定耐用，并具备一定的储存能力。

（6）监控系统应具有信息报警功能，报警短信应能及时发送到设定的相关管理人员的手机中。接到报警短信后，应及时查找原因，并将找出的原因及改进措施上报各单位负责人。

2.5.3 前场施工工艺信息化管理

（1）沥青路面前场施工工艺信息化管理系统应至少包括摊铺位置桩号、摊铺温度、碾压温度、碾压遍数等实时反馈现场施工情况的信息展示及分析功能，实现现场辅助管理和远程实时监控。

（2）施工单位采用的摊铺机、压路机应满足安装监控系统的要求，施工单位不得以任何借口拒不安装监控系统。

（3）监控系统所采用的硬件应耐高温、防雨水，稳定性应满足现场施工的需要。

（4）施工单位应保证前场施工工艺监控系统的正常运行，宜将监控系统设置为随摊铺机或压路机的开机自动启动。

（5）监控系统所采用的硬件应具备一定的储存能力，当施工路段无网络时，采集的数据可暂时储存在硬件中，在网络联通后再一起上传。原则上，数据应实时上传。

（6）前场施工工艺监控系统应具有短信报警功能，报警短信应能及时发送到设定的相关管理人员的手机中。接到报警短信后，应及时查找原因，并将产生的原因及改进措施上报各单位相关负责人。

2.5.4 工地试验室信息化管理

（1）工地试验室信息化管理系统应能实现重要试验数据的自动采集和实时传输，具有提醒、分析、统计和监控等功能，确保数据真实可靠，试验过程规范，结果能够追溯。

（2）重要试验除应进行数据自动采集和实时传输外，还应针对试验过程进行录像，确保样品、试验数据、试验录像一一对应。自动采集的数据及录像均作为原始记录留存。

（3）试验室监控系统应24小时开启，工地试验室宜采用带宽独享10Mb/s及以上独立网络，不得同办公网络混用，保证试验数据实时上传，并确保数据采集、传输、视频监控正常。

（4）试验室信息化管理系统应具有短信报警功能，报警短信应能及时发送到设定的相关管理人员的手机中。接到报警短信后，应及时查找原因，并将产生的原因及改进措施上报各单位相关负责人。

（5）施工单位应在原材料及沥青面层相关指标检测完成12h内,将检测结果上传到相应的台账系统中。需要上传检测结果的仪器设备见表2-1。

需要上传检测结果的仪器设备

表2-1

地点	集料室	沥青室				沥青混合料室		
仪器设备	压力机	针入度仪	软化点仪	延度仪	光谱仪	稳定度仪	车辙仪	燃烧炉

3 集料加工与储运

3.1 一般规定

（1）应根据岩石性能、储量、允许年开采量、运输条件等，选择满足工程需求的宕口。为准确评判不同石料的适用性与石质优劣，在石场启用前应到宕口典型位置取样，进行材料成分分析与物理力学性能检测。

（2）施工单位宜通过购买块石、自建集料加工生产线，生产路面集料。

（3）集料成品存储区应进行硬化、排水顺畅，各档集料之间应进行间隔。不同岩性的石料应分类堆放、分类加工。

（4）集料供应石场考察应包含下列重点内容：石场资质、母材岩性、石场规模（占地面积、石料储量、覆盖层厚度、备料情况等）、石场设施建设情况（排水设施、硬化情况、挡土墙、水洗设备等）、加工设备（生产线、破碎工艺、除尘设备等）、生产能力、生产稳定性、加工规格、集料物理指标、出厂价、运距、运输条件等。

3.2 集料加工

3.2.1 一般规定

（1）加工前必须彻底清除覆盖风化的山皮料层及泥土夹层，保证母岩稳定，确保开采的块石不得混杂泥土、风化岩石。

（2）石场开采面应保证岩石断面清洁无泥土植被、石材质地均匀，对存在软弱夹层带的开采面，应保证生产用岩石层厚度至少大于15m，原材要求应为致密型大块岩石（粒径大于10cm）。

（3）施工单位必须严格掌控机制砂的生产质量，宜自行生产机制砂，也可采用签订集料供应合同的石场所生产的机制砂。

（4）为保证粗集料规格、棱角性及控制针片状颗粒含量，应采用多级破碎工艺生产粗集料。宜统一破碎机的型号和规格，以及筛分设备的型号和筛孔尺寸，由大型石场集中加工。

（5）如采用反击式破碎机加工，在集料试生产过程中可调整反击式破碎机的反击板和板锤之间的间隙，使生产的集料规格符合要求。经调试好且稳定生产以后，反击板和板锤的距离不得随意改变。

(6)集料生产过程中不得随意改变已确定的振动筛筛孔尺寸,筛孔磨损或筛网破损时应及时更换同规格的筛网。

3.2.2　沥青面层集料加工

(1)石料破碎应采用三级或以上破碎工艺,即采用颚式破碎机进行初级破碎——圆锥破碎机进行中级破碎——反击式破碎机/整形机进行细碎或整形,在一级颚式破碎机进料口前,应配有5~10cm孔径筛网的振动喂料装置,预先筛除小石子及泥土、杂质。无振动喂料装置的,应在宕口或原料堆场进行筛分选料或人工选料。

(2)筛分设备应满足碎石生产的规格要求,也可以根据石料物理性质、破碎工艺、振动筛放置的倾角、规格料的品种及沥青混合料类型等实际情况配置组合筛网。推荐的沥青混合料用粗集料规格及石料生产筛网尺寸按表3-1确定。

粗集料规格及石料场生产筛网尺寸　　　　表3-1

规格名称	石料场生产筛网尺寸（mm）	公称粒径（mm）	通过下列筛孔(mm)的质量百分率(%)										
			53	37.5	31.5	26.5	19	16	13.2	9.5	4.75	2.36	0.6
S5	22~43	22~40	100	90~100	—	—	0~15	—	—	0~5	—	—	—
S6	16~33	15~30	—	100	90~100	—	—	0~15	—	0~5	—	—	—
S7C	22~33	20~30	—	100	90~100	—	0~15	—	—	0~5	—	—	—
S7	22~33	19~31.5	—	100	90~100	—	—	—	—	0~10	0~3	—	—
S8C	22~28	20~25	—	—	100	90~100	0~15	—	—	0~5	—	—	—
S8	22~28	19~26.5	—	—	100	90~100	—	—	0~15	—	0~3	—	—
S9	11~22/23	9.5~19	—	—	—	100	90~100	55~75	25~45	0~10	0~3	—	—
S9F	11~18	9.5~16	—	—	—	—	100	90~100	50~70	0~10	0~3	—	—
S10	11~15	9.5~13.2	—	—	—	—	—	100	90~100	0~15	0~3	—	—
S11	6~16	4.75~15	—	—	—	—	—	100	90~100	40~70	0~15	0~5	—
S12	6~11	4.74~9.5	—	—	—	—	—	—	100	90~100	0~15	0~3	—
S14	3~6	2.36~4.75	—	—	—	—	—	—	—	100	90~100	0~15	0~3

(3)采用颚式破碎机进行初级破碎前,应滤除5cm以下碎石,不得含有土块、杂物。

(4)集料除尘应采用两级干法除尘,在经圆锥破碎机和振动筛后各一次,在破碎、振动筛分等环节应采用引风式除尘设备进行除尘。

(5)破碎设备的工作参数在确定之后严禁随意更改,同时至少每2d检查一次筛网的堵漏情况,并及时对筛网进行清理,保证不同时间段的级配稳定性。

3.2.3　水稳基层集料加工

(1)水泥稳定级配碎石基层的碎石加工宜采用三级破碎工艺,即采用颚式破碎机进行初级破碎破—圆锥破碎机进行中级破碎—反击式破碎机/整形机进行细碎或整形。在一级颚式破碎机进料口前,应配有5~10cm孔径筛网的振动喂料装置,预先筛除小石子及泥土、杂质。

(2)可根据石料物理性质、破碎工艺、振动筛放置的倾角、规格料的品种等实际情况配置组合筛网。

(3)在破碎、振动筛分等环节宜采用引风式除尘设备进行除尘。

3.2.4　机制砂加工

(1)对于机制砂、石屑、天然砂等细集料,应使用9.5~19.0mm规格的碎石,通过专门的制砂设备加工细集料,不能用石屑冒充机制砂。

(2)机制砂生产应采用洁净、干燥、级配稳定的,最小粒径不小于3mm的规格碎石,通过制砂机研磨生产,其工艺参数应按照母岩岩性与设备性能进行调试优化,并及时进行设备的维护,更换易磨损配件,以保证机制砂的稳定生产。

(3)机制砂生产宜采用立轴式冲击破碎制砂机。

(4)机制砂生产时应通过选择调整振动筛筛孔尺寸和角度,控制机制砂的细度模数。

(5)机制砂生产应采用干法除尘,皮带出口适当雾化降尘。

(6)为防止离析,干砂料堆高度不应高于3m,机制砂落高大于1m时应安装导流装置。

3.3　集料储运

(1)不同岩性、产地、规格的集料应分开堆放,相互之间采用隔墙分离,严禁出现窜料和混料现象。

(2)集料装运应采用大方量装载机和大吨位自卸汽车,自卸汽车的车厢应采用篷布覆盖,防止运输过程中碎石撒落及污染环境。装运过程中,严禁泥土、风化石、树皮、草根等杂物混入。

(3)料场的运输距离较远时,宜利用水路运输,提高集料运输的能力和效率,减少集料运输过程中的能源消耗,降低运输成本。

4 路面场站标准化建设

4.1 总体要求

(1)为全面推进现代工程管理,规范公路路面工程施工,提高工程管理水平,克服质量通病,保证施工质量,提高路面耐久性,创建"平安百年品质工程",结合京港澳高速公路湖北省豫鄂界至军山段改扩建工程建设实际情况,制定本章内容。

(2)水稳拌和站应按照智慧化要求建设。拌和设备(包括主机、水泥罐、输送带、上料台、配料机)和砂石料储料仓应整体全部密封,料仓棚内、场区等布设自动喷雾降温除尘系统,除装载机外,应实现自动化作业,并设置水稳拌和智慧控制中心。

(3)沥青拌和站应按照智慧化要求建设。配料机、砂石料储料仓应整体全部密封,料仓棚内、场区等布设自动喷雾降温除尘系统,除装载机外,应实现自动化作业,并设置沥青混凝土智慧控制中心,掺入的机制砂应自产。

(4)路面施工应使用自动摊铺、自动碾压设备。基层、面层摊铺使用自动驾驶3D摊铺机,碾压使用多机自动驾驶碾压协同作业,运输车辆安装全球定位系统(GPS)定位设备。

(5)水稳、沥青拌和站视觉形象设计按照《湖北交投京港澳高速公路改扩建项目管理有限公司视觉识别系统手册》执行。

(6)水稳、沥青拌和站及路面施工的智能化设施设备、视频监控系统须考虑与项目公司信息化管理平台对接,实现各类数据自动化采集和上传功能。

(7)本项目路面场站建设的规模、质量及技术指标应满足招标文件的相关规定,并符合安全、环保、经济、适用的要求,因地制宜、统筹规划、合理布局。

(8)各施工单位要根据指导意见,组织专业技术团队编制水稳、沥青拌和站建设实施方案,经施工单位上级公司审查、批准后,报驻地办审批,建成后由项目公司组织参建各方代表按照方案进行验收,并形成验收意见,方案未经审批禁止实施、设施未经验收禁止投入使用。

(9)基层、面层施工应首先完成试验段,试验段验收合格后方可大规模施工,且规模施工应严格按照试验段确定的技术参数、施工设备组合等执行。

(10)施工期间应加强对设施设备的维护与管理,保障路面施工始终保持良好的状况。

(11)工程交工后,除非另有协议,施工单位应恢复场地临时用地,并经监理工程师验收合格方准予退场。

4.2 基本原则

4.2.1 场地原则

(1)原则上每路面标段只设置1~2个基层拌和站、1个面层拌和站。对个别路段确因条件限制(如长隧道、跨大江大河、运输便道等)无法满足要求的,由施工单位提出书面申请后报驻地监理工程师初步审批,经建设单位(总监办)审批后,方可适当调整建设标准,增设拌和站。

(2)拌和站建设应遵守法律法规的规定,并符合有关主管部门的规定要求,遵循"因地制宜,节约土地,保护环境,安全可靠,规范有序,功能完备,布设合理,方便生活,满足生产"的原则。

4.2.2 场站建设选址原则

(1)应选择交通、水电便利的位置,尽量避开居民集中地带。

(2)严禁设置在泥石流、滑坡体、雷区、洪水位下等危险区域,避开取土、弃土场、塌方、落石、危岩等地段。

(3)应避开高压线路及高大树木与通信、天然气等地下管线,并保持规定距离。

(4)与爆破区的距离不得小于500m。

4.2.3 硬件设施原则

(1)拌和站建设应综合考虑施工生产情况,合理划分生活区、拌和作业区、材料存放区及机械设备停放区等并严格分开,各功能区面积应满足相关规定的要求,区内场地及主要通路应做硬化处理,排水设施完善,如图4-1所示。

(2)拌和站计量系统应按《沥青混合料和水泥混凝土搅拌设备计量系统检定规程》[JJG(交通)071—2006]计量检定规程进行标定。

(3)生活区内设施参照《湖北省高速公路建设标准化指南 第二分册 工地建设》相关规定执行。

(4)拌和站内应设置车辆停放区,停车位画白线。

(5)拌和站内应合理配备消防设施,并按照相关行业主管部门颁布的有关文件规定办理。

(6)拌和站必须设置污水处理设施,尽量减少对附近生态环境造成的影响。

图4-1 拌和站建设示意图

4.3 场地建设要求

4.3.1 场地占地面积要求

(1)每座水稳拌和站的占地面积(含备料场)不小于15000m²。

(2)每座沥青拌和站的占地面积(含备料场)不小于40000m²。

4.3.2 场地处理要求

(1)拌和站的所有场地必须进行混凝土硬化处理,场地、道路平整,根据地质情况设置垫层,地基承载力满足相关要求。生活区硬化采用C20混凝土(厚度不小于15cm),一般场地硬化采用强度等级不低于C20的混凝土(厚度不小于20cm),大型作业区(如路面沥青拌和站)进出场重车行车道硬化采用强度等级不低于C25的混凝土(厚度不小于20cm)。

(2)厂拌拌和机、水泥罐、沥青罐、集料斗基础应严格按照要求施工。

(3)场地混凝土浇筑后要及时分块切割伸缩缝。

(4)场地硬化要严格控制高程,一般按照"四周低、中心高"的原则进行,场地面层排水坡度不应小于1.5%,场地四周应设置排水沟,拌和机下宜设置暗沟连接排水沟,拌和站内必须设置沉淀池和污水过滤池,严禁将站内生产废水未作处理直接排放。

(5)在进入拌和站大门口处设置车辆冲洗区域,对进场车辆进行冲洗,防止进场车辆携带泥土进入拌和站场地内。

4.3.3 储料仓要求

(1)凡用于工程的砂石料应按配料要求进行配置,不同粒径、不同品种分仓存放,不得混堆或交叉堆放,并设置明显标志。分料仓宜采用混凝土隔墙,围墙高度不小300cm,采用压型钢板进行封闭。分隔墙上悬挂电子信息显示牌,显示材料状态。储料仓内地面设不小于4%的坡度,并设置排水沟,严禁积水,储料仓仓口必须设置一道截水沟。

(2)储料仓(图4-2)的容量应满足最大单批次连续施工的需要,水稳拌和站单个料仓的容量不小于3000m³,且不少于8个料仓;沥青混凝土拌和站单个料仓的容量不小于2000m³,且不少于17个料仓[包含3个再生沥青混合料(RAP)料仓]。

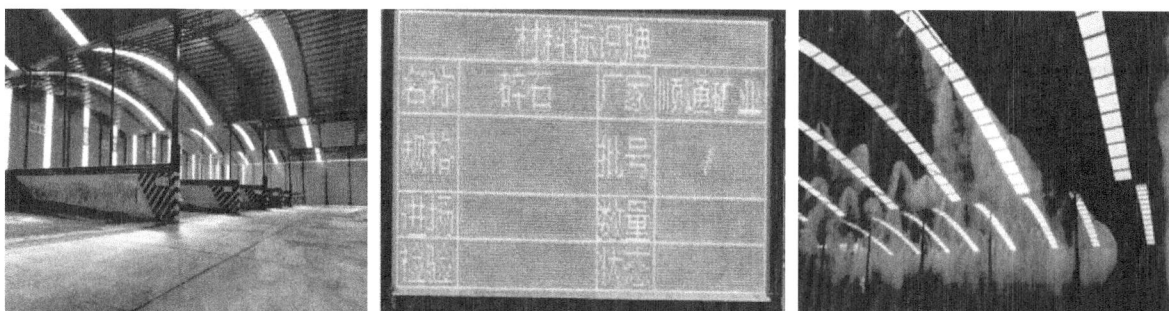

图4-2　储料仓

(3)基层储料仓、面层储料仓必须搭设顶棚,禁止太阳直接照晒或雨淋。宜采用轻型钢结构顶棚,钢结构顶棚起拱线高度不小于7m,满足受力、防风、防雨、防雪等要求。

(4)拌和站的集料须采用仓储式管理,满足机械设备操作空间。各档料之间进行有效分隔确保集料干净、无窜料现象,料仓外设置专属的标志标牌。

(5)排水沥青混合料用粗、细集料技术要求与SMA沥青混合料有所不同,技术要求更高,宜设置专用储料仓,如SMA沥青混合料用粗、细集料能够达到排水沥青混合料用粗、细集料技术要求,可同仓共用。

4.3.4　库房要求

(1)库房包括外加剂库房、机械配件库房等。

(2)原则上库房采用砖砌房屋,库房内外部采用水泥砂浆粉刷,地面采用C15混凝土进行硬化,然后利用方木或砖砌上铺设木板或竹胶板,使物品储存离地不小于30cm,同时物品放置位置应距四周墙体不小于30cm。

(3)外加剂应采用专用的容器存储,不同批次、不同品种、不同生产日期的外加剂应分开存放,并根据不同的检验状态和结果采用统一的材料标志牌进行标识。

4.4　机械及设备要求

4.4.1　一般规定

(1)路面施工机械设备应实行准入制。机械设备进场之前,施工单位应将机械设备的品牌、型号、性能及使用情况的详细资料报驻地监理工程师审批,审批同意后设备方可进场。

(2)路面工程应树立"以设计选设备,以设备保工艺,以工艺保质量"的指导思想,施工单位应严格按照合同要求和施工需要,投入足够的施工设备,同时根据《湖北省高速公路建设标准化指南 第二分册 工地建设》等相关文件的要求,投入必要的试验检测设备和试验检测人员。

(3)路面工程开工前,施工单位应按合同要求和生产需要,配置、安装和调试所使用的重要施工设备,确保其处于性能良好状态。摊铺机、压路机等重要机械应至少有备用设备各1套,重要施工机械设备的消耗部件等应根据实际情况购置备用。

4.4.2 水稳拌和站建设要求

(1)水稳拌和站(图4-3)应由集料配料系统、搅拌系统、粉料(水泥)配料系统、液体料配料系统、气路装置、电气控制系统、集料输送系统、成品料输送系统、成品料储料系统组成。

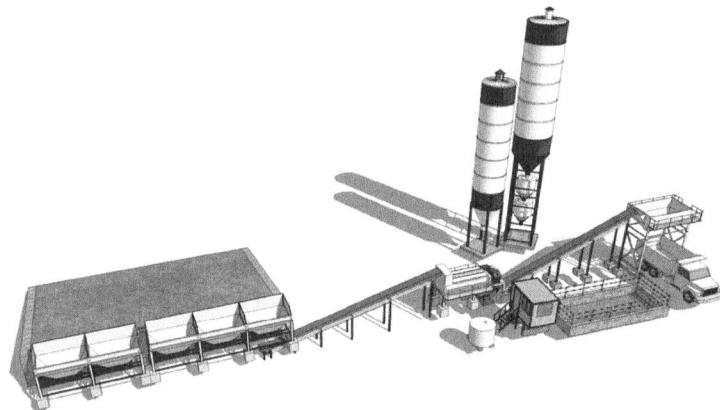

图4-3 水稳拌和站示意图

(2)水稳拌和站应采用连续式集中厂拌设备,采用自动控制、电子计量系统,所有电子计量系统需进行标定,单台额定拌和能力不低于600t/h。同时,拌和站应采用五仓式自动计量,具备计算机控制及打印功能。

(3)一座水稳拌和站应配置至少1台连续式拌和机,连续式拌和机应采用2个长度均大于3m的拌缸串联拌和,且其中第一次拌和应采用振动拌缸。

(4)应配备容量不少于80t的钢制水泥罐仓,且罐仓的数量不少于3个,罐仓内应配有水泥破拱器,以免水泥起拱停流。水泥计量应采用螺旋电子秤。

(5)每座拌和站至少设置5个集料斗。料斗、水箱、罐仓都应装配高精度电子动态计量器,电子动态计量器应经有资质的计量部门计量标定合格后方可使用。

(6)拌和用水计量应采用流量传感器,应实现计算机自动控制。

(7)水泥稳定碎石拌和站上料斗、传送带应采用雨棚遮盖。

(8)在拌和机下料斗传送带前应增设挡板,减少混合料抛撒,防止离析。

(9)上料用装载机不少于3台,装载机斗宽与配料仓的宽度相匹配。

（10）水稳料运输车的装载能力应大于20t，车辆总重应不超过55t。

（11）应至少配备一套满足拌和站运行的备用电源，发电机尽量远离生活区。

4.4.3 沥青拌和站建设要求

（1）应采用强制间歇式沥青混合料拌和机，且不少于1台，拌和机型号不低于4000型，拌和能力不低于320t/h。

（2）沥青拌和设备应采用拌和能力强、沥青混合料变异性小、故障率低的拌和设备。所选设备使用年限不得超过3年，且累计生产混合料不超过50万t。

（3）沥青拌和站应具有良好的除尘设备，拌和机必须有二级除尘装置，二级除尘的粉尘应废弃。第一级应采用旋风式除尘器或沉降惯性式除尘器，第二级应采用布袋式除尘器，同时还应配备湿排式废粉处理设备，以防止二次污染。

（4）沥青拌和机生产过程必须由计算机控制，控制室须配备可以逐盘打印的打印机。

（5）沥青拌和站应配备粉料罐2个。

（6）沥青宜配备6只以上100t卧罐，至少3个储存罐顶设置2个搅拌器，进行不间断搅拌，在罐与罐之间不间断泵送循环，以保持改性沥青的均匀性。改性沥青储存温度宜控制在160～170℃之间，基质沥青存储温度宜控制在110~130℃之间。

（7）改性沥青储存时间不宜超过24h，若因降雨等特殊情况当日使用不完时，在有搅拌器搅拌和无离析条件下，可延长储存时间，但不应超过72h。

（8）沥青拌和站热料仓必须有专门的热料取料口，可以在拌和站不停机的情况下，抽取各个热料仓的集料，用于合成级配的检验。

（9）回收粉罐的输送上料管道必须拆除，并留照片资料，不定期由专人检查。

（10）应对每个沥青罐的上、中、下3个部位设取样阀，在取样时应先流一会儿再取，上、中、下3处的沥青混合后作为此次取样的代表样品。

（11）振动筛规格应与矿料规格相匹配，应采用和原材料粒径相当的规格筛网尺寸。要求配置冷料仓至少6个、热料仓至少6个，沥青拌和站热料仓应同时满足PA-13、SMA-13、AC-20、AC-25、ATB-25的生产要求，筛子的倾斜度、振幅、振频应满足要求，定期检查清理热料仓筛网，防止堵、漏现象。沥青拌和站热料仓筛网配置如表4-1所示。

沥青拌和站热料仓筛网配置 表4-1

料仓	筛网尺寸(mm)	料仓	筛网尺寸(mm)
1号	23~30	4号	11~6
2号	23~17	5号	6~4
3号	17~11	6号	0~4

（12）沥青拌和站需设置高黏度改性剂（HVA）及纤维等外加剂的机械送料口，并与送料

机连接,通过风速控制流量,确保外加剂能够精准高效投入拌和锅内。

(13)上料用装载机配备不少于3台,装载机斗宽应与配料仓的宽度相匹配。

(14)沥青混合料运输车的装载能力应大于20t,车辆总重不超过55t。

(15)至少配备1套满足拌和站运行的备用电源,发电机应尽量远离生活区。

(16)沥青混合料拌和站应采用天然气、轻质油等清洁燃料,并通过有效的技术加以改进,减少SO_2、CO_2等燃烧产物的排放。

(17)沥青拌和站建设示意图见图4-4。

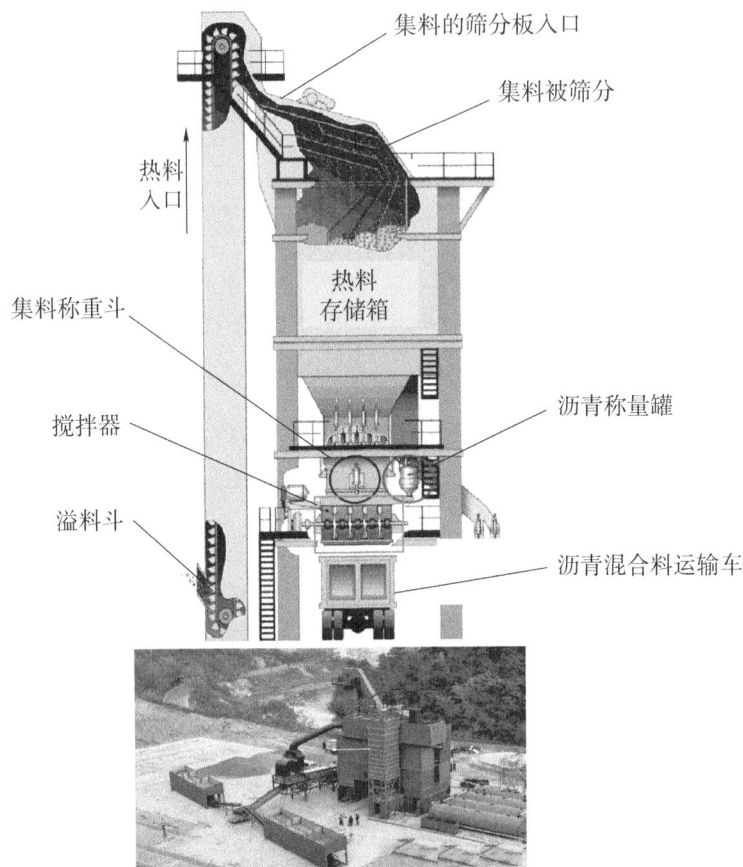

图4-4 沥青拌和站建设示意图

4.4.4 厂拌热再生设备要求

(1)应采用间歇式厂拌热再生设备(图4-5)。在普通沥青混合料拌和设备的基础上配置加热RAP材料的第二烘干筒,设备应同时具备集料配料、矿粉的烘干与加热、热集料的提升、热集料的筛分、热集料的储存与计量、矿粉的供给与计量、沥青供给、再生剂供给、再生料的拌和、除尘、成品料储存、旧料的处理等功能。

(2)RAP材料的加热应在第二烘干筒中单独进行,加热方式应采用顺流加热的方式,加热温度不宜低于110℃且不宜超过130℃。

(3)应通过调节振动给料器的振动频率,以及传送皮带的速度来实现不同档集料的供给。

图4-5 间歇式厂拌热再生设备

(4)应具备RAP材料单独的提升和筛分系统。RAP材料供给系统的供料能力、燃烧器的供热能力、RAP加热滚筒的生产能力应满足项目最大生产能力的要求。

(5)应配备独立的RAP材料加热后的暂存仓,暂存仓应具备加热保温功能,并具有料位检测装置。

(6)应具备多级联合筛分设备对回收的RAP材料进行初步破碎筛分作业,宜采用辊式破碎工艺,并设有缓冲装置,应能调节最大破碎力。

(7)应配备回收RAP材料的配料装置和计量装置,静态计量精度应不低于±0.5%。

(8)应根据需要配备沥青再生剂的储存、计量、喷洒装置,再生剂静态计量精度应不低于±0.3%。

4.4.5 RAP材料预处理要求

(1)RAP材料堆料场要经过硬化处理,设置不小于1.5%的坡度,在料堆边设置盲沟排水。RAP料堆很容易吸水,为防止水分在料堆上聚集,RAP料堆严禁采用防水油布、防水塑料等进行覆盖,应建设防雨棚来防止雨水的侵入。

(2)不同面层、不同材料类型的RAP材料应分类堆放,以免造成RAP材料级配变异性大。经过二次破碎筛分得到的RAP应根据不同规格分类堆放,宜按照0~10mm、10~20mm、20~25mm三档规格或0~10mm、10~20mm两档规格进行堆放。

4.4.6 路面施工机械要求

4.4.6.1 一般规定

路面施工机械应兼顾科学与节能两个方面:第一,在设备选型和配套过程中,应该考虑施工安全、施工质量、人员专业能力等多种因素,保证施工工作顺利完成,减少施工阶段的不安全因素;第二,施工过程中,应使用能耗低、功率大、施工效果明显的机械设备。

4.4.6.2 铣刨机要求

(1)铣刨机结构应包括铣刨系统、行走系统、动力及液压系统、输料系统、铣刨转子升降系统等,具备精铣刨功能。

(2)铣刨机应包括液压行走、四支腿升降、转向、尾门刮料板升降、输料带驱动、散热风扇驱动、整机移动等功能。

(3)输料系统应为两级输料,皮带均采用凸纹式,配有罩壳,防止尘土外扬。输料皮带可以上下升降、左右摆动,便于向货车车厢卸料。输料皮带应可以折叠,便于运输。

(4)铣刨机最大铣刨宽度应在1000mm以上,铣刨深度能在0~250mm自由切换,刀头个数不小于80个,行走速度能够控制在0~10km/h范围内,工作速度能在0~10m/min自由切换,功率应在100kW以上。

(5)铣刨机还应满足以下要求:

①动力特性。铣刨机的发动机应有足够的功率,以保证刀具对沥青路面切削时有足够的动力且能匀速铣刨,铣刨功率应结合室内试验进行确定。

②工作可靠性。由于厂拌热再生施工的连续性,要求铣刨机的工作必须可靠、连续,防止因铣刨机故障导致机组的非正常停机,造成工期延误。

③人机交换功能。铣刨机必须安装有相应的指示仪表,对某些故障应设定自动报警系统,还可以通过增加智能化控制系统来实现自动控制。

④环保要求。铣刨机(图4-6)应防止出现漏油、漏水和漏电等问题,应控制机械的噪声和粉尘在规定的范围内。

图4-6 铣刨机示意图

4.4.6.3 运输车要求

(1)配备的混合料运输车总装载能力应在30t以上,并为有金属底板的自卸汽车,车厢内在未装料前应涂抹植物食用油保持洁净,不得粘有杂物。

(2)运输车总装载能力不小于拌和机产量,要超过摊铺机摊铺能力20%以上。

(3)运输车厢内应有紧密、清洁、光滑的金属底板和侧板。

(4)运输车辆应备有自动升降覆盖设备,覆盖被采用两层防水雨布中间夹一层棉被,应能扣固在车厢侧板上,车厢四角应密封坚固。

(5)运输车侧厢板中距板底30cm处应钻取测温孔(图4-7)。

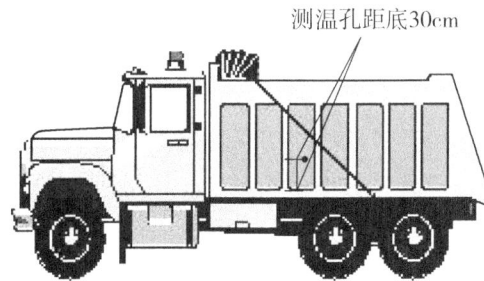

测温孔距底30cm

图4-7　运料车测温孔位置

(6)每台运输车的发动机和油箱位置必须采用有效的防漏油措施。

(7)运输车需安装GPS定位设备,监控运料车行走轨迹,避免偷运料等情况,并可随时查看各运料车位置,方便安排运料。

4.4.6.4　摊铺机要求

(1)沥青路面摊铺机(图4-8)。

图4-8　沥青路面层摊铺机

①应采用半幅整体摊铺机。

②摊铺机应是自动的,安装有可调的活动熨平板或整平组件。传感器可通过基准线自动发出信号操作熨平板,熨平板应具有加热功能,能按照规定的典型横断面和图纸所示的厚度在车道宽度内摊铺。

③摊铺机应有振动夯板或可调整振幅的振动熨平板的组合装置,夯板与振动熨平板的频率应能各自单独调整。

④摊铺机横向螺旋布料器前端应加装防滚落粗集料链条挡板。

⑤摊铺机横向螺旋布料器两端和中间应加装反向搅拌叶片。

⑥摊铺机应配备非接触式平衡梁装置不少于两套。

⑦柔性基层、下面层拼宽路段采用1台机械拼装摊铺机摊铺,分离式路段1~2台宽幅抗离析机械拼装摊铺机摊铺,功率不小于230kW;中、上面层采用1台整幅抗离析机械拼装摊铺机摊铺,功率不小于300kW,且具备远程控制系统自动摊铺功能;加宽处施工应另外配置1台可伸缩式摊铺机,严禁纵向冷接缝处理。

(2)基层摊铺机(图4-9)。

图4-9　基层摊铺机

①基层混合料摊铺采用两台同一型号摊铺机梯队作业,根据路面宽度确定摊铺机拼接宽度。两台摊铺机的间距控制在5~10m之间,一前一后,相邻两台摊铺机搭接宽度宜为20~30cm。

②基层摊铺机应有振动夯板或可调整振幅的振动熨平板的组合装置,夯板与振动熨平板的频率应能各自单独调整。

③基层摊铺机横向螺旋布料器前端应加装防滚落粗集料橡胶挡板。

④基层摊铺机摊铺功率应达到160kW以上,最大摊铺宽度应不小于6m。

4.4.6.5　压路机要求

(1)沥青路面压路机。

①压实设备应配有总重不小于12t的双钢轮压路机(图4-10)不少于4台,30t以上胶轮压路机不少于3台,能按合理的压实工艺进行组合压实。如上面层为PA-13混合料,上面层

施工,双钢轮双驱动振动压路机不少于4台,胶轮压路机应不少于2台;如上面层为SMA型混合料,必须采用刚性碾压。压路机数量要适宜,双钢轮压路机不少于6台。

图4-10 双钢轮压路机

②双钢轮压路机压实宽度不小于2000mm,具有自动连续喷水功能,低振动频率应在40~45Hz之间,高振动频率应在50~55Hz之间。低振幅应为0.3~0.4mm,对应的激振力不小于80kN;高振幅应为0.6~0.8mm,对应的激振力不小于120kN。工作速度应在0~10km/h内可调节。

③胶轮压路机(图4-11)轮胎宽度不小于2500mm,轮胎充气压力为200~800kPa,工作速度应在0~8km/h内可调节。

图4-11 胶轮压路机

(2)基层压路机。

①压实设备应配有总重12t的单钢轮压路机(图4-12)不少于1台,26t以上的单钢轮振动重型压路机不少于2台,26t以上轮胎式压路机不少于2台,并能按合理的压实工艺进行组合压实。

图4-12 单钢轮压路机

②单、双钢轮压路机技术参数要求同4.4.6.5小节"沥青路面压路机"部分条款②。

③胶轮压路机技术参数要求同4.4.6.5小节"沥青路面压路机"部分条款③。

（3）小型压路机。

应备有驻地监理工程师认可的1~2t小型压路机（图4-13），其单位长度的振动压实功能应与双钢轮振动压路机相同，以用于压路机不便压实的地方。

图4-13 小型压路机

（4）其他小型配套施工机械。

应具备满足施工需要的其他小型配套施工机械，如切割机、铣刨面清扫机、轮胎隔离剂喷洒机等，这类小型配套施工机械应能满足施工需要，对相关技术参数不作强制性要求。

（5）除自动摊铺、自动碾压机械设备，针对普通的压路机、摊铺机作业，也应该加装毫米级实时差分定位（RTK）传感器、振动传感器、温度传感器等设备，对路面摊铺、碾压的温度、速度、遍数、轨迹等关键指标进行监控，保障作业质量。

4.4.7 机制砂生产设备要求

沥青拌和厂宜架设一条机制砂生产设备,要求850型以上(产量85~110t/h),加工母材采用同沥青路面石灰岩粗集料。沥青路面细集料(机制砂)技术要求见表4-2。

沥青路面细集料(机制砂)技术要求   表4-2

试验项目	单位	技术要求
表观相对密度,不小于	—	2.5
坚固性(粒径>0.3mm部分),不大于	%	12
水洗法(粒径<0.075mm含量),不大于	%	12.5
亚甲蓝值,不大于	g/kg	25
棱角性(流动时间法),不小于	s	30
砂当量,不小于	%	60

4.5 绿色环保标准化建设

(1)正式施工前,应对所有进场工作人员进行环保教育,增强环保意识。

(2)应推行分段连续"零污染"施工管理,路面工程施工应协调处理好与机电、绿化、安全设施、防护等工程的交叉施工,减少对路面和其他已完成工程的污染。

(3)拌和设备(包括主机、粉料罐、输送带、上料台、配料机)和砂石料储料仓宜整体全部密封,并统一进行塑形设计,提升视觉形象。

(4)砂石料储料仓应整体全部密封。根据生产需要,宜设置已检仓和待检仓,分隔墙上悬挂电子信息显示牌,显示材料状态。在密封储料仓背面设置露天备料仓,并配备洗石机(图4-14),含泥量超标的集料经过洗石机清洗并检测合格后,方可进入密封储料仓。

图4-14 洗石机

（5）主要作业区配置环境自动监测仪，对厂内PM10、PM2.5、噪声等进行实时监测（图4-15）；料仓棚内、场区等应布设自动喷雾降温除尘系统（图4-16），降低砂石料温度，保证混凝土质量，减少场区内扬尘污染；粉料罐体顶部应配置自动喷淋降尘系统（图4-17），有效防止扬尘。

图4-15 扬尘及噪声电子监测系统

图4-16 自动喷雾降温除尘系统

图4-17 室外场区自动喷淋降尘系统

（6）压路机、摊铺机、装载车、铣刨机等，以及其他小型机械，应防止出现漏油、漏水和漏电等问题，应控制机械的噪声和产生的粉尘在规定的范围内。

（7）施工废料、废水和生活垃圾应于指定地点堆放、排放，避免污染环境。

（8）应严格控制机械设备废气、粉尘的排放，使其符合国家规定的环保标准。

（9）应加强路面养护及交通管制工作，保持施工路面的干净、整洁。当拌和站、停车区和服务区的施工车辆无法避免与路面工程交叉施工时，应在进出口处设置轮胎冲洗设施，其面积和配套设施应满足使用要求，污水应集中排放。

5 路面数字化施工

5.1 基本规定

(1)沥青混合料施工质量动态管控应涵盖沥青混合料施工全过程,包括拌和、运输、摊铺、碾压以及试验检测等环节的数据实时在线采集、传输、分析、预警与处理。

(2)数据应能从相关设备或传感器中直接获取,自动上传。

(3)数据应分类存储,并根据实际需要备份和长期存储,其访问应采用分级权限和实名制。

(4)数据库建设应符合现行《交通运输基础数据元 第9部分:建设项目信息基础数据元》(JT/T 697.9)的有关要求。

(5)沥青混合料摊铺与碾压施工区域应覆盖连续运行参考站(CORS)基站信号。

5.2 数据采集

5.2.1 一般规定

(1)数据采集内容应包括试验检测、拌和、运输、摊铺以及碾压环节的数据。

(2)数据采集设备安装现场应具备9~36V稳定直流电源。

(3)数据采集设备安装完成后应进行校准,并应符合现行《道路施工与养护机械设备 沥青混合料搅拌设备》(GB/T 17808)的相关规定。

5.2.2 沥青及沥青混合料试验检测管控要求

(1)沥青及沥青混合料的试验指标、采集方式、采集频率宜符合表5-1的规定。

试验检测管控在线监测指标、采集方式、采集频率 表5-1

序号	在线监测指标	采集方式	采集频率
1	沥青针入度	利用试验数据采集设备,读取试验仪器检测系统数据,通过网络传输至信息化系统	逐样采集
2	沥青软化点		
3	沥青延度		
4	沥青混合料动稳定度		

续上表

序号	在线监测指标	采集方式	采集频率
5	沥青混合料稳定度	利用试验数据采集设备,读取试验仪器检测系统数据,通过网络传输至信息化系统	逐样采集
6	沥青混合料流值		
7	沥青红外光谱相似度	读取红外光谱仪检测系统数据	逐样采集

（2）试验数据采集设备技术要求宜符合表5-2的规定。

试验数据采集设备技术要求　　　　　　　　　　表5-2

设备名称	设备功能	技术参数
沥青试验数据采集设备	对沥青的针入度、延度、软化点的试验数据实时采集、传输	（1）计算机配置要求:接口支持通用串行总线（USB）、网口、视频图形阵列（VGA）、高清多媒体接口（HDMI）、近场通信（Wi-Fi）、高速串行计算机扩展总线标准（PCIE）等多种接口,具有7×24小时全天候持续运行能力; （2）工作温度:-25~85℃; （3）工作湿度:10%~90%,无冷凝; （4）平均无故障工作时间不小于50000h
沥青混合料试验数据采集设备	对沥青混合料的稳定度、流值、燃烧炉、车辙仪的试验数据实时采集、传输	
红外光谱仪	快速鉴别沥青的品牌、型号、批次及产地,判断沥青添加剂的数量	（1）波数范围不小于:500~4000cm^{-1}; （2）分辨率不大于1cm^{-1}; （3）信噪比不小于30000:1; （4）应配有衰减全反射（ATR）附件

（3）试验检测数据采集设备安装应满足下列要求:

①沥青试验采集终端与沥青混合料试验采集终端的安装应确保固定可靠。

②数据传输模块的天线应确保无遮挡,保证通信正常。

5.2.3　沥青混合料拌和管控要求

（1）沥青混合料拌和管控在线监测指标、采集方式、采集频率应符合表5-3的规定。

沥青混合料拌和管控在线监测指标、采集方式、采集频率　　表5-3

序号	在线监测指标	采集方式	采集频率
1	各热料仓材料用量	在拌和站操作平台安装外接系统/内置系统/打印机串口桥接系统的方式,采集拌和楼系统数据,并实时上传于信息化系统	实时采集
2	油石比		
3	填料用量		
4	添加剂用量		

续上表

序号	在线监测指标	采集方式	采集频率
5	泵送沥青加热温度	在拌和站操作平台安装外接系统/内置系统/打印机串口桥接系统的方式,采集拌和楼系统数据,并实时上传于信息化系统	实时采集
6	各热料仓加热温度		
7	拌和时间		
8	沥青混合料出料温度	在出料口加装红外温度采集设备,实时采集放料时沥青混合料的温度,并上传信息化系统	最低采集频率0.1Hz

（2）沥青混合料拌和数据采集设备技术要求应符合表5-4的规定。

沥青混合料拌和数据采集设备技术要求　　　　　　　表5-4

设备名称	设备功能	技术参数
拌和数据采集设备	实时采集拌和站生产数据	(1)传输丢包:不大于1/10000条; (2)采样频率:不小于5次/min; (3)支持向多数据中心同步传输数据; (4)支持断网数据续传功能; (5)防护等级要求达到IP65以上; (6)适用环境温度范围:−25～85℃; (7)适用环境湿度范围:不大于95%RH; (8)平均无故障工作时间:不小于50000h
温度数据采集设备	实时采集沥青混合料的温度数据	(1)温度采集范围:20～300℃; (2)温度采集精度:±1℃; (3)防护等级要求达到IP65以上; (4)适用环境温度范围:−25～85℃; (5)适用环境湿度范围:不大于95%RH; (6)平均无故障间隔时间:不小于50000h
显示设备	连接控制与传输设备,接收并展示沥青混合料出料温度	(1)防护等级要求达到IP65以上; (2)适用环境温度范围:−25～85℃; (3)适用环境湿度范围:不大于95%RH

（3）沥青混合料拌和数据采集设备安装（图5-1）应满足下列要求：

①拌和数据采集设备宜安装在拌和楼控制室操作台,数据无线传输模块应确保无遮挡,保证通信正常。

②温度数据采集设备应安装在出料口处。

③显示设备应安装在拌和楼侧面横梁下方。

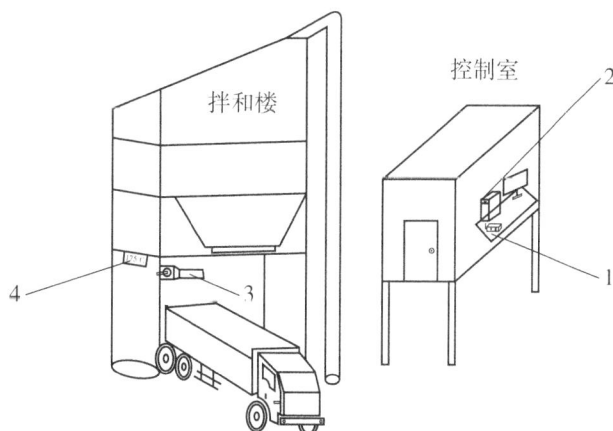

图5-1　沥青混合料拌和数据采集设备安装示意图

1-拌和数据采集设备;2-拌和楼工控机采集程序;3-温度数据采集设备;4-显示设备

5.2.4　沥青混合料运输管控要求

（1）沥青混合料运输管控关键指标、采集方式、采集频率应符合表5-5的规定。

沥青混合料运输管控在线监测指标、采集方式、采集频率要求　　表5-5

序号	在线监测指标	采集方式	采集频率
1	开始装料时间	利用安装在拌和楼出料口的射频识别设备和运输车上安装的电子标签，识别运输车开始和结束装料时间	逐车采集
2	结束装料时间		
3	开始卸料时间	利用安装在摊铺机上的射频识别设备和运输车上安装的电子标签，识别运输车开始和结束卸料时间	逐车采集
4	结束卸料时间		
5	运输轨迹	利用安装在运输车上的定位设备，采集车辆的位置数据	最低采集频率1Hz

（2）沥青混合料运输数据采集设备技术要求应符合表5-6的规定。

沥青混合料运输数据采集设备技术要求　　表5-6

设备名称	设备功能	技术参数
车顶电子标签	记录运输车辆身份信息	(1)抗金属要求:标签适用于金属表面设备; (2)工作频率:860～960MHz; (3)擦写次数:不少于10万次
车尾电子标签		
出料口射频识别设备	识别装料时车辆身份信息	(1)射频识别模块稳定读取距离:5～12m; (2)读写准确度:误差范围不大于1/1000次; (3)读写精度:99%
摊铺机射频识别设备	识别卸料时车辆身份信息	
定位设备	采集运输车辆定位信息	(1)定位模块应支持北斗等卫星定位系统; (2)平面定位精度不大于±5cm

注:车辆身份信息包括车辆编号、车牌号、联系人、联系人电话、车头射频识别设备号、车尾射频识别设备号、定位设备编号等。

（3）沥青混合料运输数据采集设备安装（图5-2）应满足下列要求:

①出料口射频识别设备宜安装在拌和楼出料口,与运输车驶入水平方向呈60°~75°倾角。

②车顶电子标签宜安装在运输车顶前侧。

③定位设备宜安装在运输车驾驶室内。

④车尾电子标签宜安装在运输车尾门处。

⑤摊铺机射频识别设备宜安装在摊铺机驾驶室侧前方,与车尾电子标签保持在同侧,与摊铺机前进水平方向呈60°~75°倾角。

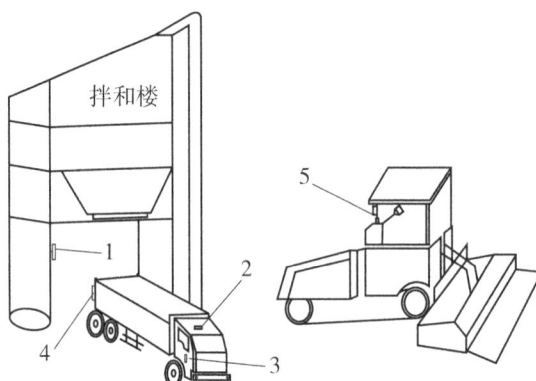

图5-2 沥青混合料运输设备采集设备安装位置示意图

1-出料口射频识别设备;2-车顶电子标签;3-定位设备;4-车尾电子标签;5-摊铺机射频识别设备

5.2.5 沥青混合料摊铺管控要求

(1)沥青混合料摊铺管控监测指标、采集方式、采集频率应符合表5-7的规定。

沥青混合料摊铺管控在线监测指标、采集方式、采集频率 表5-7

序号	在线监测指标	采集方式	采集频率
1	摊铺位置	利用定位设备采集定位数据	最低采集频率0.2Hz
2	摊铺速度	利用定位设备采集摊铺速度	
3	摊铺表面温度	利用温度传感器采集摊铺沥青混合料的表面温度	最低采集频率0.2Hz
4	环境温度	利用温度传感器采集摊铺区域的大气温度	最低采集频率0.2Hz

(2)沥青混合料摊铺数据采集设备技术要求应符合表5-8的规定。

沥青混合料摊铺数据采集设备技术要求 表5-8

设备名称	设备功能	技术参数
摊铺温度采集设备	采集摊铺沥青混合料温度	(1)温度采集范围:-20~300℃; (2)温度采集精度:±1℃; (3)防护等级要求达到IP65以上; (4)适用环境温度范围:-25~160℃; (5)适用环境湿度范围:不大于95%RH; (6)平均无故障间隔时间:不小于50000h

设备名称	设备功能	技术参数
定位设备	采集摊铺机定位信息	(1)定位模块应支持北斗等卫星定位系统； (2)平面定位精度不大于±5cm
控制与传输设备	连接温度传感设备和定位设备，接收并上传温度数据与定位数据至数据分析平台	(1)控制与传输模块全网通兼容，支持移动、联通、电信5G网络且可兼容4G/3G网络； (2)平均无故障间隔时间：不小于1000h
显示设备	连接控制与传输设备，接收并展示摊铺温度和摊铺速度	(1)防护等级要求达到IP65以上； (2)适用环境温度范围：−25～85℃； (3)适用环境湿度范围：不大于95%RH

(3)沥青混合料摊铺数据采集设备安装(图5-3)应满足下列要求：

①定位设备宜安装在摊铺机顶部横向中央位置。

②显示设备宜固定在摊铺机顶棚下方的横梁机架上。

③控制与传输设备宜安装摊铺机驾驶室内。

④摊铺温度采集设备宜垂直、等间距安装在摊铺机熨平板后侧，与铺面距离宜为10~40cm，温度传感器数量宜不少于3个。

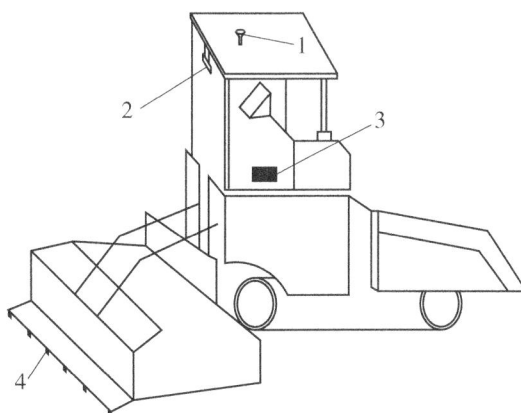

图5-3 沥青混合料摊铺设备采集设备安装位置示意图
1-定位设备；2-显示设备；3-控制与传输设备；4-摊铺温度采集设备

5.2.6 沥青混合料碾压管控要求

(1)沥青混合料碾压管控监测指标、采集方式、采集频率应符合表5-9的规定。

沥青混合料碾压管控在线监测指标、采集方式、采集频率　　　　表5-9

序号	在线监测指标	采集方式	采集频率
1	碾压位置	利用定位设备采集平面定位数据	最低采集频率3Hz
2	碾压速度	利用定位设备采集碾压速度	
3	碾压长度	利用定位设备采集碾压长度	

续上表

序号	在线监测指标	采集方式	采集频率
4	碾压温度	利用温度传感器采集路表面的温度	最低采集频率3Hz
5	碾压遍数	利用定位设备采集碾压遍数	

（2）沥青混合料碾压数据采集设备技术要求应符合表5-10的规定。

沥青混合料碾压数据采集设备技术要求　　　　表5-10

设备名称	设备功能	技术参数
温度采集设备	采集沥青混合料碾压路面温度	（1）温度采集范围：-20～300℃； （2）温度采集精度：±1℃； （3）防护等级要求达到IP65以上； （4）适用环境温度范围：-25～160℃； （5）适用环境湿度范围：不大于95%RH； （6）平均无故障间隔时间：不小于50000h
定位设备	采集碾压机位置、速度、遍数等信息	（1）定位模块应支持北斗等卫星定位系统； （2）平面定位精度不小于±5cm
控制与传输设备	连接温度传感设备和定位设备，接收并上传温度数据与定位数据至数据分析平台	（1）控制与传输模块全网通兼容，支持移动、联通、电信5G网络且可兼容4G/3G网络； （2）平均无故障间隔时间：不小于1000h
发光二极管（LED）显示屏、显示平板	接收并展示碾压温度与碾压速度、碾压遍数	（1）防护等级要求达到IP65以上； （2）适用环境温度范围：-25～85℃； （3）适用环境湿度范围：不大于95%RH
告警设备	连接施工设备，接收后台预警信息，预警告知现场施工人员	（1）防护等级要求达到IP65以上； （2）适用环境温度范围：-25～85℃； （3）适用环境湿度范围：不大于95%RH

（3）沥青混合料碾压数据采集设备安装（图5-4）应满足下列要求：

①温度采集设备应固定在压路机车身一侧且与碾压路面的距离不大于50cm。

②定位设备宜安装在压路机顶棚横向中央位置。

③告警设备宜安装在压路机顶棚边缘。

④控制与传输设备宜安装在压路机驾驶室内。

⑤LED显示屏宜固定在压路机顶棚下方。

⑥显示平板宜固定在压路机驾驶室内。

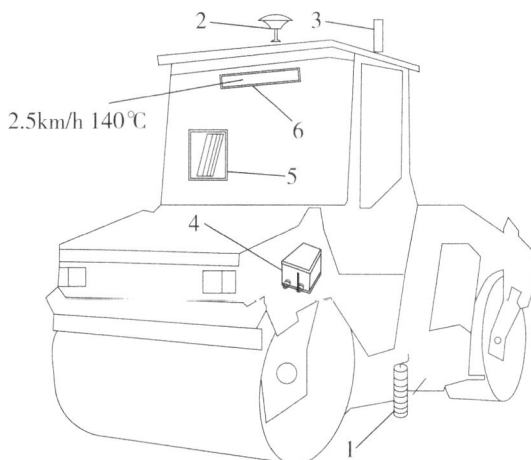

图 5-4　沥青混合料碾压设备采集设备安装位置示意图
1-温度采集设备；2-定位设备；3-告警设备；4-控制与传输设备；5-显示平板；6-LED 显示屏

5.3　数据传输

5.3.1　一般规定

(1)沥青面层施工区域应具备稳定的5G/4G等稳定传输的网络通信信号。

(2)数据传输应符合现行《信息安全技术　物联网数据传输安全技术要求》(GB/T 37025)相关的要求。

5.3.2　数据接口要求

(1)数据接口应支持JSON数据交换格式。

(2)传输方式应支持从施工现场采集、从其他管理系统共享同步,支持无线数据传输方式,采用HTTP等互联网通信协议进行网络传输。

(3)支持跨语言、操作系统调用。

(4)数据接口应公开发布,实现数据共享。

5.4　数据统计与分析

5.4.1　一般规定

(1)数据分析内容应包括试验检测、拌和、运输、摊铺以及碾压环节的数据。

(2)数据应做到实时分析、实时预警。

5.4.2　试验数据分析

(1)实时分析沥青针入度、延度、软化点、沥青混合料稳定度、动稳定度、流值、油石比、沥青红外光谱相似度等数据,统计质量波动情况。

(2)按时间、试验类别、标段等维度统计各试验检测数据的合格率。

5.4.3 拌和数据分析

(1)实时分析各热料仓材料用量、油石比、外掺剂用量、矿粉用量、沥青混合料级配、沥青加热温度、集料加热温度、拌和时间、沥青混合料出料温度等数据,超过阈值及时预警,并生成数据分析台账。

(2)根据沥青混合料拌和生产量,显示、分析逐盘采集的沥青混合料的油石比、各材料用量、沥青混合料级配、沥青加热温度、集料加热温度、拌和时间、沥青混合料出料温度等信息。

(3)按台班、结构层、标段等维度统计各热料仓材料用量、油石比、矿粉用量、沥青混合料级配、沥青加热温度、集料加热温度、拌和时间、沥青混合料出料温度等数据的平均值、极差、预警率以及变异系数。

(4)绘制油石比、矿料级配、拌和时间、出料温度等数据随生产时间变化的波动图,辅助分析沥青混合料生产稳定性。

(5)统计分析不同拌和楼沥青混合料生产数据质量波动情况。

5.4.4 运输数据分析

(1)实时分析运输时间、运输里程速度等数据,并生成数据分析台账。

(2)根据每天沥青混合料运输过程,显示、分析运输过程中实时采集的温度、运输轨迹等信息。

(3)按台班、结构层、标段等维度统计运输温度的平均值、极差、合格率以及变异系数。

5.4.5 摊铺数据分析

(1)实时分析摊铺温度、速度等数据,并生成数据分析台账。

(2)根据每天沥青混合料摊铺施工过程,显示、分析摊铺作业过程中实时采集的摊铺温度、松铺厚度、摊铺速度、摊铺时间、摊铺桩号、摊铺轨迹等信息。

(3)按台班、结构层、标段等维度统计摊铺温度、速度数据的平均值、极差、合格率以及变异系数。

(4)绘制摊铺温度、速度等数据随施工桩号变化的波动图,辅助分析摊铺作业稳定性。

5.4.6　碾压数据分析

（1）实时分析碾压遍数、温度、速度等数据,并生成数据分析台账。

（2）根据每天沥青压实施工过程,显示、分析每台压路机实时采集的压实作业过程中的压实温度、压实速度、压实桩号、压实轨迹、压实遍数等信息。

（3）按台班、结构层、标段等维度统计碾压遍数、温度、速度等数据的平均值、极差、合格率以及变异系数。

（4）绘制碾压遍数云图,辅助分析超压和欠压区域。

（5）绘制碾压遍数、温度、速度等数据随施工桩号变化的波动图,辅助分析碾压作业稳定性。

5.5　预警

5.5.1　一般规定

（1）预警等级划分,宜按照不同指标、不同程度的阈值范围归属不同等级,并根据等级报送预警消息至信息化系统对应用户。

（2）沥青混合料拌和各项指标（油石比、各热料仓材料用量偏差、填料用量偏差三项指标）预警等级宜分为初级、中级、高级三级,并根据等级推送预警消息至不同用户。初级预警报送对象可接收初级、中级、高级预警信息;中级预警报送对象可接收中级、高级预警信息;高级预警报送对象可接收高级预警信息。预警应符合下列要求:

①预警可借助传统网站、微信公共平台、手机短信、手机 App 客户端、现场 LED 屏等方式推送。

②预警消息应包括预警产生时间、预警关键指标、预警具体内容等。

③初级预警推送用户可为施工、路面咨询及驻地监理现场人员。

④中级预警推送用户可为总监理工程师、专业监理工程师、路面咨询单位负责人、项目经理、项目总工、现场施工人员、技术服务人员。

⑤高级预警推送用户可为建设单位（总监办）项目负责人、总监理工程师、专业监理工程师、路面咨询单位负责人、项目经理、项目总工、现场施工人员、技术服务人员。

（3）沥青混合料运输、摊铺与碾压过程超出预警阈值,告警设备发出预警。

5.5.2　预警阈值

（1）沥青混合料拌和生产过程预警阈值见本书附录C。

（2）沥青混合料运输、摊铺与碾压过程预警阈值应参考表5-11的规定。

沥青混合料运输、摊铺与碾压过程预警阈值 表5-11

控制指标		单位	沥青混合料类型				
			50号道路石油沥青	70号道路石油沥青	90号道路石油沥青	110号道路石油沥青	SBS改性沥青
摊铺温度		℃	<140	<135	<130	<125	<155
摊铺速度		km/h	>3				
碾压温度	初压初始温度	℃	<135	<130	<125	<120	<150
	终压终了温度		<80	<70	<65	<60	<90
碾压速度	初压速度	km/h	>4				
	复压速度		>6				
	终压速度		>6				

5.5.3 预警处理办法

(1)油石比、集料和矿粉用量偏差出现初级预警时,应对拌和楼进行调试,直至恢复到正常波动水平。

(2)油石比、集料和矿粉用量偏差出现中级预警时,应对拌和楼进行调试,直至恢复到正常波动水平,并在质量检测时增加检测频率。

(3)油石比、集料和矿粉偏差出现高级预警时,应立即停止生产,查明原因并处治。

(4)运输、摊铺、碾压出现预警时,现场负责人应立即查清预警波动期间沥青混合料的运输车号及前场摊铺后的具体桩号,并按照施工工艺要求调整施工参数。

5.6 自动摊铺、自动碾压

5.6.1 一般规定

(1)数字化施工设备主要包含自动压路机、自动摊铺机等,设备规格、数量根据工程实际需要由驻地监理单位、路面咨询单位、施工单位与数字化摊铺压实技术提供方讨论确定。

(2)数字化施工系统应包括工艺配置、集群定位、任务生成、任务规划、调度与控制、通信网络、状态监测、故障诊断与维护、数据处理等功能模块。

(3)管理后台可对机械进行统一管理、监控及调度,系统软件根据单机运行状态信息和集群工艺方案产生单机调度信息。

(4)施工作业前,检查3D自动化控制系统运行状态,确认各元部件能否正确链接,存在故障问题不得作业,要求相关操作人员、施工设备等到场,对各机械设备、仪器进行运行试验,确保处于良好运行状态。

5.6.2 设备功能要求

(1)定位精度:基于卫星导航系统的高精度流动定位功能,水平方向定位误差应不超过±10mm,垂直方向定位误差应不超过+20mm。

(2)环境感知和避障功能:障碍物传感装置感应距离应不小于10m;设备应能提前减速至安全速度,并在障碍物不消除时,可在距障碍物1m处自动停车;应具备人工干预功能,具备2种以上独立的施工急停控制措施。

(3)无线通信功能:摊铺机、压路机应具备现场网络通信(电台、微波、4G、5G等)功能,从而实现远程人机交互和机群联控联调功能。

(4)路径规划与引导:通过信息融合技术,实时分析机群的定位参数和环境参数,对摊铺机、压路机路径进行路径智能规划和自动引导。

(5)系统响应:数字化施工系统、设备整体响应时间应不大于500ms。

(6)作业精度:系统综合作业轨迹控制精度应不大于±10cm;系统综合作业速度控制精度应不大于±0.2km/h。

(7)温度监测及预警:在摊铺机、压路机上加装红外测温设备,实现对摊铺碾压环节的沥青混合料温度实时监测,温度不满足要求时预警并存储记录。

5.6.3 数字化施工系统功能要求

(1)配置摊铺速度、摊铺厚度、摊铺温度、碾压速度、碾压温度、碾压遍数、作业区域、碾压时间、混合料温度等报表生成功能模块,作为施工工艺输出及后续施工过程控制提供技术信息。

(2)实时监控施工设备的作业状态、位置等数据。

(3)在作业区域,为施工设置施工路径。

(4)在作业区域,对摊铺机、压路机之间进行指令交互协作,共同完成智能化施工设备摊铺、压实等任务。

(5)统计施工过程中的各项数据。

(6)通过激光雷达和毫米波雷达组合对周围障碍物检测,确保设备交互时安全。

(7)通过红外温度传感器对摊铺、初压、复压、终压面沥青混合料温度检测,确保施工温度符合要求。

(8)管理后台应实时显示设备运行参数,至少应包含表5-12所列参数。

系统后台设备运行参数   表 5-12

序号	事件描述	数据上传作用	异常状态显示
1	燃油油位	显示车辆燃油状态	加油提示
2	摊铺速度	显示摊铺机行驶速度	速度过快或过低提示
3	摊铺厚度	显示熨平板高度	厚度超差提示
4	摊铺温度	显示摊铺面沥青混合料温度	温度超差提示
5	碾压速度	显示压路机行驶速度	速度过快或过低提示
6	碾压温度	显示初压、复压、终压面沥青混合料温度	温度超差提示
7	振动频率	显示压路机振动频率	频率超差提示
8	车辆故障跟踪	"车辆故障"代码屏幕显示	故障报警
9	混合料温度跟踪	混合料温度屏幕显示	温度超差提示

5.6.4　主要功能

（1）路面智能压实（图5-5）：路面智能压实系统通过在压路机上安装振动加速度传感器、温度传感器等，能够实时解算当前位置的路面压实质量，同时运用互联网无线"数字化"传输，实现数据自动化上传，计算机端、手机端对路面压实质量进行全过程实时可视化监控。

图5-5　自动碾压现场示例（一）——路面智能压实

（2）智能测温测厚（图5-6）：在摊铺机的熨平板上应安装有智能测温测厚设备。应实现对摊铺路面的松铺厚度、温度实时连续跟踪，辅以在线预警功能，避免厚度、温度不满足要求。此外，还应进行图形化展示，做到施工过程控制可视化，大幅提升施工质量。

（3）自动规划路径：应根据施工环境（温度、风速等）、施工参数（重叠度、遍数等）自动生成压路机集群碾压轨迹，并且通过输入当前的施工质量结果，形成反馈闭环、自适应的优化施工策略，应能达到毫米级作业精度，可实现高精度贴边碾压、跨缝碾压、加水加油换班提示，杜绝过压、漏压现象的发生。

图5-6　自动碾压现场示例(二)——智能测温测厚

6 既有路面病害处治、硬路肩铣刨及路面拼接

6.1 既有路面病害处治

（1）应根据设计文件、既有道路路面动态检测结果、现行《公路沥青路面养护技术规范》（JTG 5142）等的有关规定,编制既有道路路面病害处治专项施工方案,必要时进行评审。

（2）既有道路路面病害处治方案实施前,应认真领会设计图纸,必要时,应对既有路面病害处治方案开展试验段验证。

（3）既有道路路面病害处治后应进行检测评价,满足设计要求后,方可进行下一工序施工。

（4）既有路面病害处治施工,应充分考虑天气、病害处治进度与交通组织等因素的影响,合理规划病害处治路段的长度。

（5）既有路面病害采用铣刨重铺方案时,应确保路面病害处治质量,加强混合料温度、接缝处治、交通组织管理与控制,以满足相应结构层检验评价标准的要求。

（6）本项目既有路面主要病害为车辙和裂缝,在施工期间,部分路段路面病害进一步发展,根据现行《公路技术状况评定标准》（JTG 5120）及国内类似工程经验总结,在既有路面病害处治过程中,应遵循动态设计方案,对于新发展的车辙和裂缝病害建议采用以下原则进行处治:

①车辙。

A.车辙深度小于10mm的路段:路面车辙影响相对较小,且罩面后能够有效抑制原结构层车辙发展,因此不作处理,直接加铺罩面层。

B.车辙深度为10~15mm的路段:为防止原路面车辙对罩面造成不良影响,并保证路面结构厚度,在处治过程中对上面层进行铣刨和重铺4cm SMA-13后,整体加铺罩面层。

C.车辙深度大于或等于15mm的路段:中上面层的高温稳定性已经出现衰减,且中面层车辙发展较快,在处治过程中对上、中面层进行铣刨和重铺,整体加铺罩面层。

②裂缝。

A.横向裂缝。

a.未贯穿超车道、行车道和应急车道,以及未灌缝或灌缝不彻底的裂缝,采用灌缝胶

处治。

b.对于贯穿超车道、行车道、应急车道的裂缝,裂缝呈放射性、出现分支、原裂缝灌缝后明显呈现发展趋势的裂缝,以及宽度大于5mm的裂缝,须进行铣刨、回填处治。

c.以100m为一个单位,若该单位内存在多条裂缝,平均间距小于15m/条的段落,认为是裂缝密集段落,对裂缝密集段落内发生裂缝的车道采用整体铣刨、回填的方式进行处治。

d.对于网裂、龟裂或坑槽等病害,采取病害位置进行铣刨、回填处治。

B.纵向裂缝。

根据裂缝长度,对发生裂缝的车道采用整体铣刨、回填的方式进行处治。

6.2 硬路肩铣刨及路面拼接

(1)硬路肩铣刨前,应查明既有道路填、挖方路段硬路肩路面结构及路面排水设施状况,并结合项目实际情况,制定合理的铣刨方案和路面排水改造方案。

(2)沥青路面硬路肩应采用铣刨机铣刨。

(3)硬路肩铣刨宽度应进行专项设计,既有道路与扩建路面的纵向接缝宜避开轮迹带,铣刨应防止出现夹层,对存在夹层的,应彻底清除。

(4)硬路肩铣刨施工应符合下列规定:

①铣刨设备应配备自动找平装置,宽度宜为1.0~2.1m,最大深度宜不小于30cm,深度误差为±1.0cm。

②铣刨速度应均匀、连续,并设专人控制铣刨深度,避免出现夹层、超铣。

③铣刨施工结束后,应对铣刨台阶进行清扫及修整,对台阶的松散、夹层等缺陷进行处理,确保铣刨台阶的平整、坚实。

④硬路肩铣刨后,应对软弱路床进行补强处理。

⑤对硬路肩存在横向盲沟的位置,应进行重点处理。

⑥硬路肩铣刨应进行试验段验证。

(5)路面拼接施工应符合下列规定:

①摊铺扩建路面水泥稳定级配碎石基层时,宜对既有水泥稳定级配碎石基层铣刨台阶的垂直面、水平面均匀洒布水泥净浆。

②拼接部位水泥稳定级配碎石基层摊铺、碾压过程中,应采用人工补料等方式,防止出现拼接缝位置空隙过大、碾压不密实的现象。

③拼接部位水泥稳定级配碎石基层碾压应控制压路机的碾压速度和振动频率,减少振动压路机对既有基层的扰动破坏。

④既有道路与扩建路面沥青面层接缝处宜采用SBS改性热沥青、改性乳化沥青或压缝

条等接缝黏结料处理。

⑤摊铺扩建路面沥青层时,应在接缝处贴铺防反射裂缝材料。

(6)应根据交通组织实际情况合理安排施工计划,避免沥青面层出现纵向冷接缝。

6.3 再生利用

(1)应合理利用路面废旧材料,并合理规划回收材料储存场地;铣刨材料应按材料类型分类堆放,提高回收利用率。

(2)再生工程实施前,应对既有路面历史信息和技术状况等进行调查和评定,并根据工程要求、使用层位、气候条件及交通情况等选用符合要求的材料。

(3)沥青面层材料应进行高值化利用,回收材料宜破碎筛分不少于2档。

6.4 路面排水

(1)横向排水管宜提前接长;对于既有道路加密设置横向排水管的,宜采用顶管法施工,保证路面排水畅通。

(2)硬路肩铣刨后,应同步做好临时排水设施。

(3)当挖除原有硬路肩时,应按设计同步完成路面边沟、渗沟、排水沟等永久排水工程。

(4)对于未施工完成的临时通行路面,应采取临时措施排除路面积水,确保行车安全。

7 基 层

7.1 总则

(1)基层宜在气温较高的季节施工,不得在气温低于5℃,以及雨天、路面潮湿的情况下施工。在特殊地段,当采用可靠并有效的低温施工技术时(水不结冰为度),可适当放宽温度。

(2)基层采用集中厂拌法拌制混合料,采用摊铺机摊铺。从加水拌和到碾压终了的时间不应超过水泥的初凝时间。

(3)基层宜连续施工,保证层间有效连接,应及时完成高渗透乳化沥青透层施工。

(4)宜在两层水泥稳定级配碎石层施工完成后开放交通,严禁"前四后八"的大型超载运输车辆在水泥稳定级配碎石(底)基层上行驶。

(5)底基层与基层水泥稳定级配碎石宜同料源、同规格统一备料。

(6)施工单位应重视试验室、现场施工测量人员的管理,注重技术力量等软实力的储备,材料、机械、人力是路面施工质量的核心因素。

(7)基层施工之前,路基应通过交工验收,路基交工验收应遵循以下原则:

①路面施工单位进场后,监理单位应督促一期土建施工单位及时与二期路面施工单位进行路基交验。

②监理单位组织路基验收抽检,验收合格后由施工单位向第三方交工验收检测单位申请路基验收。

③项目公司委托第三方交工验收检测单位按《公路工程质量检验评定标准 第一册 土建工程》(JTG F80/1—2017)的相关指标及《公路工程竣(交)工验收办法实施细则》(交公路发〔2010〕65号)的要求检查验收路基。

④应在路基交工验收合格后及时由验收单位、监理、一期单位、二期单位四方签认临时交接确认单(一、二期为同一家施工单位可免交接手续)。

⑤二期路面接收单位应负责交工后的路基照看维护工作。

7.2 技术要点

(1)基层应以重型击实法为最大干密度、最佳含水率的标准试验方法。

（2）水泥稳定级配碎石（底）基层应以静压法为无侧限试件制件的标准方法。

（3）路面施工单位需对每批水泥建立 EDTA 滴定标准曲线，并作为水泥报告资料。

（4）水泥稳定级配碎石（底）基层作业面需配备自动清扫车和水泥净浆洒布车，路面污染物的清扫、松散颗粒的清除以及水泥净浆的洒布都是非常重要而人力无法满足要求的。

（5）两层水泥稳定碎石之间，必须清除浮灰，且喷洒水泥净浆，水泥浆洒布量为 1.0~1.5kg/m²（按水泥质量计），水泥净浆稠度以能洒布均匀为度，洒布长度以不超过摊铺机前 30~50m 为宜。

（6）为最大限度减少温缩裂缝，水泥稳定级配碎石（底）基层宜连续施工，层间施工间隔不宜长于 30d。

（7）无机回收料（RAI）宜分开堆放，应堆放在预先经过硬化处理且排水通畅的地面上，并应设置防雨罩棚等防水措施。

7.3 原材料要求

基层由几种材料混合而成，为了确定各种材料组成比例，充分发挥各种材料的特性，获得性能优良的稳定材料，必须进行混合料的组成设计。水泥稳定材料的组成设计包括：根据规定的材料指标要求，通过试验选取合适的集料和水泥；确定合理的集料配合比、水泥剂量和混合料的最佳含水率。合理的水泥稳定碎石组成必须达到强度要求，具有较小的温缩和干缩系数（现场无裂缝），施工和易性好（粗集料离析较小）。

7.3.1 拌和用水

凡是饮用水（含牲畜饮用水）均可用于级配碎石材料施工，每一种水源必须按照《生活饮用水标准》（GB 5749—2022）的要求进行水质分析、水中总固体、溶解性固体含量试验。施工过程中遇到可疑水源，应委托有关部门化验鉴定。

7.3.2 水泥

（1）宜采用普通硅酸盐水泥或复合硅酸盐水泥，水泥的质量标准应符合现行《通用硅酸盐水泥》（GB 175）或《道路基层用缓凝硅酸盐水泥》（GB/T 35162）的规定。不得单独使用 R 型快硬早强水泥，不得单独采用强度等级过高的硅酸盐水泥，不得采用快凝型、已变质的水泥。

（2）应采用初凝时间 3h 以上、终凝时间 6h 以上且小于 10h 的水泥。

（3）宜选用散装水泥，夏季高温作业时，散装水泥入罐温度不得高于 50℃。

7.3.3 集料

（1）为方便备料，加快施工进度和提高施工质量，基层碎石最大粒径统一为31.5mm。基层集料规格见表7-1。

基层集料规格　　　　表7-1

类型	1号料	2号料	3号料	4号料
筛孔尺寸（mm）	32	22	11	6
集料规格（mm）	19~31.5	9.5~19	4.75~9.5	0~4.75

（2）基层集料试验技术指标应符合表7-2的规定。

基层集料技术指标　　　　表7-2

检测项目		单位	技术要求
粗集料 （粒径大于4.75mm）	石料压碎值	%	≤22
	针片状颗粒含量	%	≤12
	粒径0.075mm以下粉尘含量	%	≤1.2
	软石含量	%	≤2
细集料 （粒径小于4.75mm）	粒径0.075mm以下颗粒含量	%	≤15
	表观密度	g/cm³	≥2.5
	粒径0.075mm以下颗粒塑性指数	%	≤17

注：花岗岩压碎值可以放宽到25%。

7.3.4 RAI回收料

底基层厂拌冷再生用回收料（RAI）应满足表7-3所示的技术要求。

RAI技术要求　　　　表7-3

检测项目	技术要求	试验方法
含水率（%）	≤3	T 0103
最大粒径（mm）	≤37.5	T 0115
不均匀系数 C_u	≥5	T 0115
塑性指数 I_p	≤17	T 0118

7.4 混合料组成设计

（1）水泥稳定级配碎石（底）基层材料组成设计包括：

①根据规定的材料指标要求，通过试验选取合适的集料和水泥。

②确定合理的集料配合比例、水泥剂量、混合料的最佳含水率和相应的最大干密度。

③合理的水泥稳定碎石组成必须达到强度要求,具有较小的温缩和干缩系数,施工和易性好。

(2)取工地实际使用的集料,分别进行筛分,按颗粒组成进行计算,确定各种集料的组成比例。要求组成混合料的级配应符合表7-4的规定。

基层集料级配组成　　　　　　　　　　　　　　　　表7-4

层位	通过下列方筛孔(mm)的质量百分率(%)						
	31.5	19	9.5	4.75	2.36	0.6	0.075
垫层	100	70~86	42~62	25~45	16~31	7~15	2~5
水泥稳定级配碎石(底)基层	100	68~86	38~58	22~38	16~28	8~15	0~5

(3)应取工地使用的水泥,按不同水泥剂量分组试验。制备不同比例的混合料(每组试件个数为13个),用重型击实法确定各组混合料的最佳含水率和最大干密度。重型击实时,预加含水率推荐以0.7%为间隔,且严格按灌水法标定击实筒容积及按灌水法找平的方式测定筒内试样体积。

(4)为减少基层裂缝,必须做到几个限制:

①在满足设计强度及成品整体性的基础上限制水泥用量。

②在满足设计强度的基础上,水泥用量宜不超过5.5%,混合料合成级配中粒径小于0.075mm颗粒含量应不大于5.0%。

③根据施工时气候条件限制含水率。

(5)根据确定的最佳含水率,拌制水泥稳定碎石混合料,用静压法制备混合料试件,在标准条件下养护6d,浸水1d后取出,做无侧限抗压强度试验。底基层混合料7d龄期的浸水无侧限抗压强度应不低于3MPa(宜控制无侧限抗压强度上限不超过6.0MPa)。基层混合料7d龄期的浸水无侧限抗压强度应不低于5MPa(宜控制无侧限抗压强度上限不超过7.0MPa)。

(6)水泥稳定级配碎石(底)基层试件的标准养护条件是:将制好的试件脱模称重后,塑料薄膜或塑料袋包覆,放入相对湿度95%的养护室内养护,养护温度为20℃±2℃。养护期的最后一天(第7天)将试件浸泡在水中,在浸泡水之前,应再次称试件的质量,水的深度应使水面在试件顶上约2.5cm,浸水的水温应与养护温度相同。将已浸水一昼夜的试件从水中取出,用软的旧布吸去试件表面的可见自由水,并称试件的质量。前6天养护期间,试件质量损失(指含水量的减少)应不超过10g,质量损失超过此规定的试件,应予作废。

(7)无侧限抗压强度试验时,压力试验机及万能试验机须满足试件吨位要求,且严格控制压力机加载速率在1mm/min。

（8）取符合强度要求的最佳配合比作为水泥稳定碎石的生产配合比依据，生产配合比设计报告经驻地监理工程师、中心试验室批准后，用以指导施工。

（9）底基层厂拌再生混合料级配应满足表7-5所列级配范围要求。

底基层厂拌再生混合料级配范围 表7-5

方法	通过下列方筛孔(mm)的质量百分率(%)							
	31.5	26.5	19	9.5	4.75	2.36	0.6	0.075
底基层厂拌冷再生	100	90~100	72~89	47~67	29~49	17~35	8~22	0~7

（10）经配合比设计确定的无机结合料冷再生混合料，其性能应满足设计文件技术要求。

（11）最大干密度和最佳含水率确认后，必须验证浸水4d的承载比值不小于120%。

7.5 试验段铺筑

（1）基层正式开工之前，施工单位应在主线铺筑长度不少于300m的试验路段。试验段铺筑过程中应做好观察与记录，总结、分析和解决试验段施工过程中发现的各类问题。

（2）通过铺筑试验路段，应确定下列主要参数：

①用于施工的混合料级配。

②松铺厚度和松铺系数及摊铺机的行走速度、振幅、频率等。

③标准施工方法，包括：

A.集料数量的控制。

B.拌和方法、拌和时间。

C.混合料含水率的调整和控制方法。

D.控制水泥剂量和拌和均匀性的方法。

E.压实机具的选择和组合，压实的顺序、速度和遍数。

F.拌和、运输、摊铺和碾压机械的协调与配合。

④每一作业段的合适长度。

（3）施工单位应根据试验路段所取得的资料与数据，编制试验段总结报告，报驻地监理工程师审查批准，并作为正式开工的依据。试验段确认的压实方法、压实设备类型、工序、松铺系数、碾压遍数、最佳水泥剂量、最佳含水率等均应作为后续施工控制的依据。

（4）基层单个作业面施工机械设备配置如表7-6所示。

基层单个作业面施工机械设备配置表 表7-6

序号	机械名称	数量(台)	备注
1	强制式稳定土厂拌设备	1～2	每台设备产量不小于600t/h,用电子秤计量,采用两级搅拌缸串联拌和工艺;第一级为振动拌缸,每级搅拌缸长度不小于3m,同型号
2	全自动履带式摊铺机	1～2	拼宽路段单机整幅摊铺,分离路段双机梯队摊铺,功率不小于160kW,双机应同型号
3	单钢轮振动压路机	2～4	拼宽路段取下值,分离式路段取上值。自重18～22t,两挡振幅,双驱动,同型号
4	胶轮压路机	1～2	拼宽路段取下值,分离式路段取上值。自重不小于26t,带配重
5	装载机	3	ZL50
6	洒水车	2	容量不小于6000L
7	小型振动压路机	1	用于边角地带碾压
8	双钢轮压路机	1	终压收光,自重不小于13t,双驱动
9	水泥净浆洒布车	1	水泥基层层间洒布
10	乳化沥青洒布车	1	透层施工

7.6 施工工艺

7.6.1 施工准备

(1)施工前应清除作业面表面的浮土、积水等,并将作业面表面洒水湿润。

(2)开始摊铺的前一天要进行测量放样,每100m设一固定桩。恢复中线,按摊铺机宽度与传感器间距,在直线上间隔10m设一桩,在平曲线上间隔5m设一桩,做出标记,并打好导向控制线支架,根据松铺系数算出松铺厚度,决定导向控制线高度,挂好导向控制钢线(测量精度按部颁标准控制)。用于控制摊铺机摊铺厚度控制线的钢丝拉力应不小于800N,挠度不超过规定值。

(3)测量员与现场施工员应逐桩现场交底,宜每个摊铺作业面固定一名测量人员随时进行高程复核。施工员通过基准桩对其高程、平整度和横坡度进行控制。

7.6.2 混合料拌和

(1)开始拌和前,拌和场的备料应能满足不少于总施工用料的30%。

(2)每天开始拌和前,应检查场内各处集料的含水率,计算当天的配合比,外加水与天然含水率的总和要比最佳含水率略高。工地实际采用的水泥剂量宜比室内试验确定的剂量多0.5个百分点。同时,在充分估计施工富余强度时要从缩小施工偏差入手,不得以加大水泥用量的方式提高路面基层强度。

（3）每天开始拌和之后,出料时要取样检测是否符合设计的配合比,进行正式生产之后,试验室设专人随时检查拌和情况,按频率抽检其配比、含水率是否变化。高温作业时,早晚与中午的含水率有区别,要按温度变化及时调整。

（4）拌和机出料不允许采取自由跌落式的落地成堆,要配备带活门漏斗的料仓,由漏斗出料直接装车运输,装车时车辆应前后移动,分3次装料,避免混合料离析。

（5）在拌和站下料斗传送带前宜增设挡板,减少混合料抛撒,防止离析。

7.6.3 混合料运输

（1）每天开工前,要检验运输车辆状况,装料前应将车厢清洗干净。运输车数量一定要满足拌和出料与摊铺需要,并略有富余。

（2）运输车辆在行驶途中,应尽量匀速行驶,避免大的颠簸。

（3）应尽快将拌成的混合料运送到铺筑现场。车上的混合料应被覆盖,减少水分损失。如运输车辆行驶中途出现故障,必须立即以最短时间排除故障,当排除故障有困难时,车内混合料不能在初凝时间内运到工地的,必须予以废弃。

（4）基层施工时,施工过程中摊铺机前方应有运料车等候卸料。开始摊铺时在施工现场等候卸料的运料车应不少于5辆。

（5）严禁混合料运输车辆在基层上掉头或紧急制动。

（6）运输车卸料,宜分两次卸料,防止混合料离析。

7.6.4 混合料摊铺

（1）摊铺前应检查摊铺机各部分运转情况,且每天坚持重复此项工作。

（2）应调整好传感器臂与导向控制线的关系,严格控制厚度和高程,保证路拱横坡度满足设计要求。

（3）摊铺速度宜控制在1~2m/min之间。摊铺过程中应根据拌和能力和运输能力确定摊铺速度,避免摊铺机停机等料的情况。摊铺过程中不得随意变换速度或中途停顿。每次停机起步时,摊铺速度应从零开始逐渐增加,人工对起步处进行修整,并检测达到平整度的要求。同时要注意控制好中线和边线,以保证路面宽度。

（4）如采用两台摊铺机进行基层混合料摊铺梯队作业,两台摊铺机应一前一后,保证速度一致、摊铺厚度一致、松铺系数一致、路拱坡度一致、摊铺平整度一致、振动频率一致等,两机摊铺接缝应平整。

（5）摊铺过程中应随时检查摊铺层厚度及路拱、横坡,并使用混合料总量与摊铺面积校验平均厚度,不符合要求时应及时进行调整。

（6）摊铺后应设专人消除离析现象,铲除局部粗集料集中部位,并用新拌混合料填补,若离析情况严重,应停机检查。

(7)严禁空仓收斗,应减少收斗频率。收斗应在运料车离去、料斗内尚存较多混合料时进行,收斗后应立即连接满载的运料车向摊铺机内喂料。

7.6.5 混合料碾压

(1)待摊铺机摊铺约30m后,即可开始碾压,压实时,需遵循"先轻后重、先慢后快、先静后振、由边到中,由低到高"的总体原则。一次碾压长度一般为50~80m。碾压段落必须层次分明,设置明显的分界标志,有驻地监理旁站。基层碾压工艺如表7-7所示。

基层碾压工艺 表7-7

碾压阶段	压路机类型	碾压模式	碾压速度(km/h)
初压	单钢轮振动压路机	前静后振1~2遍	1.5~1.7
复压	单钢轮振动压路机	1~2遍	2.0~2.5
	单钢轮振动压路机或轮胎压路机	2~3遍	
	单钢轮振动压路机	1~2遍	
终压	双钢轮压路机	收光1~2遍	

(2)碾压应遵循生产试验路段确定的程序与工艺。注意稳压要充分,振压不起浪、不推移。碾压过程中,可用无核密度仪初查压实度,不合格时,重复再压(注意检测压实时间),碾压完成后用灌砂法检测压实度。

(3)压路机碾压时应重叠1/2轮宽,压路机必须超过两段的接缝处,不能使两碾压段处于同一横断面。

(4)压路机倒车换挡要轻且平顺,不要扰动下承层,在第一遍初步稳压时,倒车后尽量原路返回,换挡位置应在已压好的段落上。在未碾压的一头换挡倒车位置错开,要呈齿状,出现个别拥包时,应专配工人进行铲平处理。

(5)严禁压路机在已完成的或正在碾压的路段上掉头和急刹车,以保证基层表面不受破坏。

(6)碾压宜在水泥终凝前及试验确定的延迟时间内完成,并达到要求的压实度,同时没有明显的轮迹。

(7)为保证水泥碎石基层边缘强度,对于两侧有排水沟等难以碾压到位的地方,需使用小型打夯机夯至规定压实度。

7.6.6 接缝处理

(1)两台摊铺机梯队施工时的纵向接缝应垂直相接,压路机跨缝碾压时一次碾压密实。

(2)基层混合料摊铺时,必须连续作业不中断,如因故中断时间超过2h或当天收工,则应设横缝;每天收工之后,第二天开工的接头断面也要设置横缝。

(3)从接缝处继续摊铺混合料前应用3m直尺检查端部平整度,当不符合要求时,应予以清除。摊铺时调整好预留高度,接缝处摊铺层施工结束后再用3m直尺检查平整度,当不符合要求时,应在混合料尚未完全凝固时立即处理。

7.6.7 养护及交通管制

(1)每一段碾压完成以后应立即进行压实度检查,并同时开始养护。养护宜采用一布一膜或保湿养护膜进行覆盖养护。土工布覆盖后用洒水车洒水,在土工布保证湿润的前提下,加盖塑料薄膜,养护期应保持基层处于湿润状态。塑料薄膜应有一定厚度,两幅间应相互搭接20cm以上,并采用灌砂环保袋压边,或采用混凝土方块呈网格状全断面压膜,不得采用土颗粒或基层废料等具有污染性材料压边。

(2)用洒水车洒水养护时,洒水车的喷头要用喷雾式,不得用高压式喷管,以免破坏水泥稳定级配碎石(底)基层结构。

(3)在养护期间应采取隔离措施封闭交通,严禁重型车辆通行,以保护水泥稳定级配碎石(底)基层集料不受破坏。

(4)水泥稳定级配碎石上基层施工完后,待其表面稍干后,应立即喷洒高渗透乳化沥青透层进行养护。

7.6.8 质量控制

(1)用于水泥剂量测定的混合料样品应在拌和机出料口处取样,并立即(一般规定在10min内)送到工地试验室进行滴定试验。

(2)水泥用量除用滴定法检测水泥剂量要求外,还必须进行在线重量检测及总量控制检测。即要求记录若干时间段及每天的实际水泥用量、集料用量和实际工程量,计算对比水泥剂量的一致性。

(3)基层可两层连续施工,双层连铺需在同一天完成。对于基层表面出现的裂缝,应该浇灌热沥青,表面采用玻纤格栅处理。

(4)混合料应在处于或略大于最佳含水率时进行碾压,直到室内重型击实试验法确定的最大干密度下的压实度合格为止。

(5)压实度测试过程中,测试其含水率时,宜将取出的材料全部烘干,且总量不少于2000g。

(6)基层质量控制内容与基层成品质量要求分别如表7-8~表7-10所示。

基层质量控制检测项目及要求　　　　　　　　　表7-8

项目		质量要求或允许差	检查频率	取样/试验方法
矿料级配,与设计级配的差 (%)	0.075mm	±2	每2000m³测1次	T 0327
	≤2.36mm	±5		
	≥4.75mm	±6		
水泥剂量 (%)		±0.3	每施工日1次	总量检验
		±0.5	每2000m³测1次	T 0809
含水率(%)		最佳含水率±1	每2000m³测1次	T 0801
强度(MPa)		不小于设计要求	1组/d	T 08015
加州承载比CBR(%)		不小于设计要求	1组/d	T 0134
标准干密度		—	1组/d	—

水泥稳定级配碎石基层质量控制标准　　　　　　表7-9

控制项目		基层	底基层	外观要求	检查频率
压实度 (%)	代表值	≥98	≥97	密实、均匀	每200m测2点
	极值	≥94	≥93		
平整度(mm)		≤8	≤12	平整、无起伏	每200m测2点
纵横高程(mm)		+5,-10	+5,-15	平整、顺适	每200m测2个断面
厚度 (mm)	代表值	≥-8	≥-10	均匀一致	每200m测2点
	合格值	≥-10	≥-25		
宽度(mm)		符合设计要求		边缘线整齐、顺适	每200m测4点
横坡(%)		±0.3	±0.3	—	每200m测2个断面
强度(MPa)		符合设计要求		完整、密实	每200m测1点
外观要求		表面平整密实,无浮石、弹簧现象,无压路机轮迹			

级配碎石质量控制标准　　　　　　　　　　　表7-10

检查项目	质量要求		检查规定	
	质量要求或允许偏差	外观要求	检查频率	试验方法
压实度(%)	≥97	符合技术规范要求	4处/(200m·层)	T 0921
平整度(mm)	≤12	平整、无起伏	1处/100m	T 0931
纵断面高程(mm)	+5,-15	平整顺适	1断面/20m	水准仪
厚度 (mm)	代表值-10	均匀一致	1处/(100m·车道)	T 0912
	合格值-25			
宽度(mm)	不小于设计宽度	边缘顺直	1处/40m	尺量
离析情况	基本无离析	基本无离析	随时	目测
横坡度(%)	±0.3	—	3断面/100m	水准仪
弯沉	符合设计要求	—	1处/20m	T 0951/T 0953
外观要求	表面平整密实,无坑洼、松散、弹簧现象;无压路机碾压轮迹			

(7)水泥稳定级配碎石基层养护达7~10d龄期应钻取芯样检验其整体性,并应符合下列规定:

①应采用随机取样方式进行取芯。

②芯样应完整、均匀、致密,水泥稳定级配碎石基层之间应联结较好。

③芯样厚度应大于施工厚度的90%,不满足要求的应确定不合格段落范围,并进行返工处理。

8 沥青路面热再生

8.1 沥青路面回收料(RAP)的回收、预处理和堆放

(1)对需要铣刨路段全长范围内进行钻心随机取样分析,用阿布森法对不同路段的集料级配、油石比进行分析。因原路面施工标段划分造成的RAP集料及油石比变异未超过设计误差范围时,应分别堆放。如果是因长期的路面维修造成的无规律变异的RAP,应弃除作他用。

(2)在RAP回收阶段,应采取下列措施严格控制RAP变异性:

①在对旧路面状况充分调查、收集旧路面原始资料以及修补、养护记录的基础上,对不同路况路段分段铣刨。

②施工过程中铣刨速度、铣刨深度等工艺参数应保持稳定。

③记录不同的RAP材料的信息。

(3)在导线及高程测量的放样中,应按铣刨宽度及深度挂线。铣刨机应严格按挂线进行铣刨。

(4)桥梁、明涵等构造物铺装层铣刨时,必须严格控制铣刨厚度,避免破坏桥面。桥梁伸缩缝处不得铣刨。

(5)铣刨过程中严格控制喷水量,使铣刨后的RAP的含水率不超3%。

(6)获取RAP时不得混入杂物。

(7)RAP进厂应进行检验。

(8)RAP在使用前应进行破碎、筛分等预处理。

①不同料源、品种、规格的RAP宜分开进行预处理。

②对于粒径超过26.5mm的RAP、聚团的RAP,应使用破碎机进行破碎。

③应根据再生混合料的最大公称粒径合理选择筛网尺寸,将破碎后的RAP筛分成不少于2档。

(9)预处理后的RAP,应根据不同料源、品种、规格分隔堆放,分别设立清晰的材料标识牌。

(10)预处理后的RAP在堆放时应将其沿水平方向摊开,逐层堆放。

(11)预处理后的RAP不宜长期存放,应避免离析、结团。

(12)应遵循"即处理即用"的原则,避免重新结块。RAP只有在要生产混合料时才投进

冷料斗中。如在筒仓或料斗中提前存储太多RAP,在气温高时,RAP会在自重作用下固结聚团、成块,造成堵塞,因此应避免长时间存储。

(13)进入拌和机的RAP的含水率不得大于3%。

8.2 再生剂

(1)再生剂是掺加到热再生沥青混合料中,用于改善老化沥青性能的添加剂。应根据RAP中沥青老化程度、沥青含量、RAP掺配比例、再生剂与沥青的配伍性、再生沥青的耐老化性能等,经试验确定适宜的再生剂。沥青再生剂各项检测指标应满足表8-1所列的技术要求。

沥青再生剂技术要求　　　　　　　　　　　　　　　　　　　　　表8-1

检验项目	技术要求	试验方法
60℃黏度(mm²/s)	901~4500	T 0619
闪点(℃)	≥220	T 0611
饱和分含量(%)	≤30	T 0618
芳香分含量(%)	实测记录	T 0618
薄膜烘箱试验前后黏度比	≤3	T 0619
薄膜烘箱试验后质量变化	≤3,≥-3	T 0609或T 0610
15℃密度(g/cm³)	实测记录	T 0603

注:薄膜烘箱试验前后黏度比=试样薄膜烘箱试验后黏度/试样薄膜烘箱试验前黏度。

(2)再生剂在满足表8-1技术要求的基础上,另需通过沥青再生剂与RAP沥青的试验对本项目工程适用性进行判断。

(3)沥青再生剂与沥青的配伍性,主要包括沥青再生剂对老沥青的再生效果、沥青再生剂与老沥青的融合性、再生沥青的稳定性、沥青再生剂对再生混合料的性能改善效果等。

(4)再生沥青的耐老化性能十分重要。沥青再生剂产品质量不过关,会造成部分再生沥青的耐老化性能不佳,在热拌沥青混合料生产、施工过程中受到短期老化后,沥青再生效果损失严重。

(5)沥青再生剂应储存在密闭的容器中。

8.3 混合料配合比设计

8.3.1 RAP材料取样与试验分析

8.3.1.1 取样频率与方法

(1)分析路面结构和路面维修记录,根据路面情况是否相同或者接近,将全施工路段划分为若干个子路段,每个子路段长度不宜大于5000m,且不宜小于500m。

(2)按照现行《公路路基路面现场测试规程》(JTG 3450)随机取样方法确定取样位置。

(3)每个子路段取样断面数不少于8个,可采用铣刨机铣刨、钻芯、机械切割等方法。每个取样断面钻芯不得少于3个。钻取的芯样在室内击碎取大粒径不超过37.5mm后供试验分析用。

8.3.1.2 试验分析

(1)试样必须用经过预处理(用装载机充分混合拌和且通过破碎筛分)的RAP,要在料堆全高度的范围内用装载机铲料放置硬化了的场地推平后,用多次四分法随机取样。沥青含量及沥青性能测试应遵循以下步骤:

①将RAP加热干燥至恒重,加热温度为60℃。

②按照现行《公路工程沥青及沥青混合料试验规程》(JTG E20)中T 0726阿布森法从RAP中回收沥青。

③按照式(8-1)估计总沥青用量:

$$P_b=0.035a+0.045b+Kc+F \tag{8-1}$$

式中:P_b——估计的混合料中总沥青用量(%);

  K——当0.075mm筛孔通过率为6%~10%时,K取为0.18,当0.075mm筛孔通过率小于或等于5%时,K取为0.20;

  a——未通过2.36mm筛孔的集料的比例(%);

  b——通过2.36mm筛孔且留在0.075mm筛孔上集料的比例(%);

  c——通过0.075mm筛孔矿料的比例(%);

  F——取值为0~2.0,具体取决于集料的吸水率,缺乏资料时取0.7。

④检测沥青含量和回收沥青的25℃针入度、60℃黏度、软化点、15℃延度等指标。

⑤重复性试验的允许误差为:针入度不大于5(0.1mm)、黏度不大于平均值的10%、软化点不高于2.5℃;复现性试验的允许误差为:针入度不大于10(0.1mm)、黏度不大于平均值的15%、软化点不高于5.0℃。如果超出允许误差范围,则应弃置回收沥青,重新标定、回收。

⑥及时进行回收沥青的三大指标试验。再用选定的再生剂按6%、8%、10%掺入回收沥青经反复搅拌均匀后进行其三大指标试验,得出加入再生剂后能恢复到选定新沥青技术指标的再生剂合理掺量。按式(8-2)计算出调和软质沥青的预估油石比(调和软质沥青重量与RAP加上新集料重量的比值)。

$$P_t=P_g-P_{ab}×α_Z \tag{8-2}$$

式中:P_t——调和软质沥青的油石比;

  P_g——再生沥青预估油石比;

P_{ab}——RAP油石比；

α_Z——RAP掺配比例。

（2）将使用三氯乙烯清洗干净的回收集料及填料进行筛分，得到的集料级配在进行目标配合比设计时，与新集料级配后再进行合成级配。

8.3.2 配合比设计

8.3.2.1 目标配合比

（1）沥青路面热再生沥青混合料配合比设计应通过目标配合比设计、生产配合比设计、生产配合比验证3个阶段。热再生沥青混合料应确定RAP的掺配比例、新材料的品种及配比、矿料级配、最佳沥青用量。

（2）沥青路面热再生沥青混合的目标配合比设计宜按照图8-1所示的流程进行。

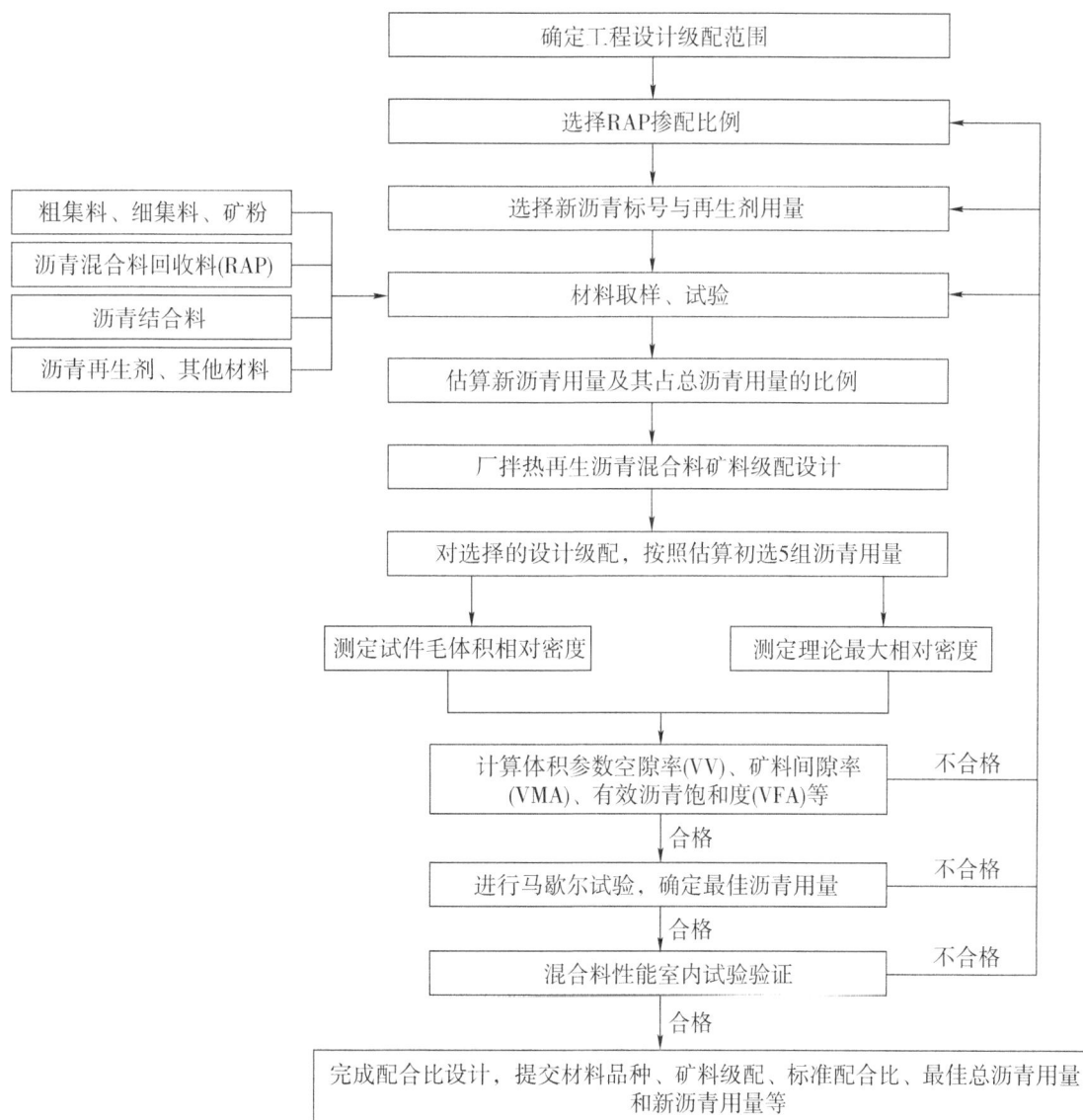

图8-1 目标配合比设计流程

(3)计算再生沥青混合料的VV、VMA、VFA等相关的体积指标以及稳定度和流值是否符合规定的要求(稳定度和流值并不作为配合比设计可以接受或者否决的唯一指标),以目标空隙率所得到的调和沥青油石比对应相应的各种体积指标及相关的技术指标与规范中的技术指标相比较,若各技术指标均符合规范要求,则以此调和沥青油石比为最佳调和沥青油石比(OAC)。

(4)按《公路沥青路面施工技术规范》(JTG F40—2004)附录B中B.7进行沥青路面热再生沥青混合料配合比设计检验,从各种技术指标既符合规范要求又有经济性出发,确认优选的一组目标配合比。

(5)沥青路面热再生沥青混合料配合比设计马歇尔试验及混合料配合比设计检验指标应符合本指南第9章的技术要求。

8.3.2.2 生产配合比设计

沥青路面热再生按目标配合比中的RAP及各种新集料的比例进行配料。当进料稳定且出口再生沥青混合料的温度在规定的范围时,取样后用三氯乙烯洗净后测定油石比及级配中各筛孔的通过率,与目标配合比进行比较,若有偏差,对级配进行调整,直至达到要求为止。在此基础上进行马歇尔试验,沥青路面热再生混合料指标应满足相关技术要求。

8.3.2.3 生产配合比验证

(1)按生产配合比结果进行试拌、铺筑试验路段,长度不小于300m。

(2)在拌和生产现场,从储料仓至冷料仓的转运,装载机手必须坚持先拌后铲的原则,以最大限度避免RAP及各种矿料的离析。

(3)铺装试验路的同时,从摊铺现场取样,用真空法对再生沥青混合料的最大理论相对密度进行试验,并从路上钻取芯样用表干法测定沥青混合料的毛体积密度,进行空隙率检测。

(4)沥青路面热再生生产配合比验证,并能满足要求。

8.4 施工工艺

8.4.1 施工准备

(1)沥青路面热再生前一个工作日,应检查下承层的质量,不符合要求的不得铺筑。如出现污染,应在前一工作日及时洒水冲洗。

(2)施工前应对各种原材料进行调查与试验,经选择确定的材料在施工过程中应保持稳定,不得随意变更。各种原材料和再生沥青混合料应满足《公路沥青路面施工技术规范》

(JTG F40—2004)的要求及招标文件和施工图设计的要求。

（3）施工前应对施工技术人员、试验人员进行检查与考核,各类人员应有从事沥青路面施工的经验,并有上岗培训证明及相应的从业资质。

（4）施工前对各种施工机具应作全面检查与校正,各种称量或计量系统应通过专门的部门检验,并经调试证明处于性能良好状态。

8.4.2 混合料拌和

（1）沥青混合料的拌和时间控制为45~55s,其中干拌时间5~10s,湿拌时间40~45s,以沥青均匀裹覆集料为度。

（2）热再生沥青混合料拌和时间应根据具体情况经试拌确定,拌和的混合料应均匀、无花白料。干拌时间宜比普通热拌沥青混合料延长5~10s,总拌和时间宜比普通热拌沥青混合料延长10~30s。各阶段拌和时间宜在表8-2规定的范围内。

热再生沥青混合料拌和时间 表8-2

项目	RAP	再生剂	新集料	新沥青	矿粉
拌和时间(s)	10~15		10~15	15~20	20~25
总拌和时间(s)	55~75				

（3）热再生沥青混合料的生产温度应符合下列规定：

①拌和时应适当提高新集料的加热温度,但最高不宜超过200℃。

②RAP加热温度不宜低于110℃,不宜超过130℃。

③再生混合料出料温度应比相应类型的热拌沥青混合料高5~10℃。

（4）拌和过程中应避免RAP过热或加热不足的情况。RAP过热、碳化时,应予废弃。

（5）再生混合料拌和的其他要求,应符合现行《公路沥青路面施工技术规范》(JTG F40)对热拌沥青混合料的有关规定。

8.4.3 其他要求

沥青路面热再生的原材料质量要求、施工工艺、施工管理与检查验收等同本指南第9章要求一致。

9 密级配沥青路面

9.1 总则

(1)沥青面层施工必须做好前期准备工作。

(2)施工过程中,必须妥善处理施工废料,不得随地抛弃废料,造成环境污染。工程完工后,必须按照合同文件要求清理场地或复耕。

(3)路面施工单位须制订严格的安全管理制度,准备必要的安全设施和劳动保护手段,特别是临时交通管制措施。

(4)每台拌和站应独立进行生产配合比设计。矿料和沥青产地、品种等发生变化时,应重新进行目标配合比和生产配合比设计。

(5)沥青面层应在不低于10℃的气温下进行施工,严禁在雨天或路面潮湿的情况下施工。施工期间,应注意天气变化,已摊铺的沥青混合料层因遇雨未进行压实的,应予以铲除。

(6)沥青面层施工前,施工单位应组织各方对各种原材料进行充分调查,经选择确定的原材料在施工过程中应保持稳定,不得随意变动。

(7)试验检测的试验室应通过认证,取得相应的资质,试验人员持证上岗,仪器设备必须检定合格。

9.2 原材料

9.2.1 沥青

道路沥青及基质沥青采用A级道路石油沥青,标号为70号,各项检测指标应符合表9-1所列的技术要求。中、上面层沥青采用SBS改性I-D型,改性剂剂量根据施工配比试验确定(SBS改性剂掺量不应小于5%)。改性沥青各项指标应符合表9-2所列的技术要求。

A级70号道路石油沥青材料检测指标要求　　　　　　　　表9-1

检测项目	单位	指标	试验方法
针入度25℃/100g,5s	0.1mm	60~70	T 0604
针入度指数PI(选择性指标)	—	−1.5~+1.0	T 0604

续上表

检测项目		单位	指标	试验方法
延度15℃,5cm/min,不小于		cm	100	T 0605
延度10℃,5cm/min,不小于		cm	20	T 0605
软化点,不低于		℃	46	T 0606
60℃动力黏度,不小于		Pa·s	180	T 0620
三氯乙烯溶解度,不小于		%	99.5	T 0607
沥青密度15℃		—	实测记录	T 0603
闪点,不低于		℃	260	T 0611
蜡含量,不小于		%	2	T 0615
薄膜烤箱试验(TFOT)或滚筒薄膜烤箱试验(RTFOT)后残留物	质量损失,不小于	%	±0.6	T 0610
	针入度比25℃,不小于	%	61	T 0604
	延度10℃,5cm/min,不小于	cm	6	T 0605
	延度15℃,5cm/min,不小于	cm	15	

SBS改性沥青材料检测指标要求　　　　表9-2

检测项目		单位	指标	试验方法
针入度25℃/100g,5s		0.1mm	40~55	T 0604
针入度指数PI(选择性指标)		—	不小于0	T 0604
延度5℃,5cm/min,不小于		cm	20	T 0605
软化点,不小于		℃	75	T 0606
60℃动力黏度,不小于		Pa·s	3000	T 0620
三氯乙烯溶解度,不小于		%	99	T 0607
沥青密度15℃		—	实测记录	T 0603
闪点,不低于		℃	230	T 0611
运动黏度135℃,不大于		Pa·s	3	T 0625
弹性恢复25℃,不小于		%	85	T 0662
储存稳定性离析,48h软化点差,不高于		℃	2	T 0661
TFOT或RTFOT后残留物	质量损失,不小于	%	±0.8	T 0610
	针入度比25℃,不小于	%	65	T 0604
	延度5℃,5cm/min,不小于	cm	15	T 0605

注:上、中、下面层沥青与集料的黏附性需达到5级,当粗集料与沥青的黏附性未达到要求时,采用掺加抗剥落剂等技术措施。上面层必须掺入抗剥离剂,抗剥离剂选用PO42.5水泥,用2%的水泥粉取代等比例矿粉。

9.2.2　粗集料

(1)沥青面层用粗集料应采用沿线粒径大于5cm、含泥量不大于1.0%的石材轧制的碎石,要求采用带除尘或水洗设备的大型联合碎石机轧制,碎石形状应接近立方体。

（2）为方便备料,加快施工进度和施工质量,沥青面层石灰岩碎石宜分为5档集料规格（表9-3）。

表9-3

沥青面层石灰岩集料规格

类型	1号料	2号料	3号料	4号料	5号料
筛孔尺寸(mm)	30	22	17	6	4
集料规格(mm)	26.5~31.5	16~26.5	4.75~16	2.36~4.75	0~2.36

（3）沥青路面中、下面层用粗集料力学强度采用压碎值控制,粗集料粒型采用针片状控制,细集料的泥土含量采用砂当量及亚甲蓝指标控制,级配稳定性采用分档范围控制,粗集料中软石杂质含量采用软弱颗粒含量控制。粗集料各项检测指标应符合表9-4所列的技术要求。

表9-4

粗集料技术指标要求

检测指标		单位	技术要求	试验方法
石料压碎值,不大于		%	24	T 0316
洛杉矶磨耗损失,不大于		%	30	T 0323
表观相对密度,不小于		—	2.5	T 0304
吸水率,不大于		%	3.0	T 0304
对沥青的黏附性,不低于		级	5	T 0616
坚固性,不大于		%	12	T 0314
针片状颗粒含量,不大于	混合料	%	15	T 0312
	大于9.5mm部分	%	12	
	小于9.5mm部分	%	18	
小于0.075mm颗粒含量(水洗法),不大于		%	1.0	T 0310
软石含量,不大于		%	5	T 0320

（4）沥青路面上面层用的集料采用玄武岩或辉绿岩等磨光值较高的石料。材料应按照2.36~4.75mm、4.75~9.5mm、9.5~13.2mm规格进行组合,粗集料检测指标应符合表9-5所列的技术要求。

表9-5

SMA-13路面粗集料技术指标要求

检测项目	单位	技术要求	试验方法
石料压碎值,不大于	%	20(常温)/24(高温)	T 0316
洛杉矶磨耗损失,不大于	%	28	T 0323
磨光值,不小于	PBN	42	T 0321

检测项目		单位	技术要求	试验方法
表观相对密度,不小于		—	2.6	T 0304
吸水率,不大于		%	2	T 0304
对沥青的黏附性,不低于		级	5	T 0616
坚固性,不大于		%	12	T 0314
针片状颗粒含量,不大于	混合料	%	12	T 0312
	大于9.5mm部分	%	10	
	小于9.5mm部分	%	15	
粒径小于0.075mm颗粒含量(水洗法),不大于		%	1.0	T 0310
软石含量,不大于		%	3	T 0320

9.2.3 细集料

细集料粉尘含量应低且干净、坚硬、干燥、无风化、无杂质、无其他有害物质,并有适当的颗粒级配。其主要质量技术指标要求见表9-6、表9-7。不同料源、品种、规格的细集料不得混杂堆放,并应采用有效避雨措施。

细集料技术要求 表9-6

指标	单位	技术要求	试验方法
表观相对密度,不小于	—	2.5	T 0329
棱角性(流动时间),不短于	s	30	T 0345
含泥量(粒径小于0.075mm的含量),不大于	%	12.5	T 0333
坚固性(粒径大于0.3mm部分),不大于	%	12	T 0340
砂当量,不小于	%	60	T 0334
亚甲蓝值(0~2.36mm),不大于	g/kg	25	T 0349

沥青混合料用机制砂级配要求 表9-7

规格名称	公称粒径(mm)	通过下列方孔筛(mm)的质量百分率(%)							
		9.5	4.75	2.36	1.18	0.6	0.3	0.15	0.075
S16	0~3	—	100	80~90	50~65	25~42.5	8~26.5	0~12.5	0~12.5

9.2.4 填料

填料必须采用石灰岩的矿粉,要求干燥、洁净,能自由地从矿粉仓流出;不得使用回收粉尘。填料技术指标必须符合表9-8的要求。如果采用PO42.5水泥作为填料代替等量矿粉,水泥用量应为集料总量的2%。矿粉料宜采用石灰岩材质的1号、2号石料生产。

填料技术指标要求 表9-8

检测指标		单位	技术要求	试验方法
表观密度,不小于		g/cm³	2.5	T 0352
含水率,不大于		%	1	T 0332
粒径范围	<0.6mm	%	100	T 0351
	<0.15mm	%	90~100	
	<0.075mm	%	75~100	
外观		—	无团粒结块	观察
亲水系数,小于		—	1	T 0353
塑性指数,小于		—	4	T 0354
加热安定性		—	无明显变色	T 0355

9.2.5 玄武岩纤维

玄武岩纤维要求其吸附沥青的能力强,施工分散性好,掺量按沥青混合料总量的质量百分率计,应为0.4%,检测指标应满足表9-9所列的技术要求。纤维应存放在室内或有棚盖的地方,松散纤维在运输及使用过程中应避免受潮,不结团。

玄武岩纤维技术指标要求 表9-9

序号	项目	技术要求	试验方法
1	平均长度(mm)	6、9、12(±10%)	JT/T 533—2020
2	平均直径(μm)	16±10%	JT/T 533—2020
3	断裂强度(MPa)	≥1000	JT/T 533—2020
4	断裂伸长率(%)	2.0~3.0	JT/T 533—2020
5	断裂强度保留率(%)	≥85	JT/T 533—2020
6	吸油率(倍)	≥0.5	JT/T 533—2020
7	密度(g/cm³)	≥2.600	JT/T 533—2020
8	含水率(%)	≤2.0	JT/T 533—2020

9.3 配合比设计

9.3.1 一般要求

沥青混合料的配合比设计是施工准备工作的一项重要内容及核心工作。配合比设计不能仅满足于达到规范的技术要求,还需要综合考虑设计要求、所采用道路的交通量轴次、材料、施工条件、气候等实际情况。对于长大桥梁桥面铺装应进行专门设计。沥青混合料配合比设计分3个阶段,即目标配合比设计阶段、生产配合比设计阶段和生产配合比验证阶段(试验段试铺)。

9.3.2 目标配合比

(1)目标配合设计时,为保证送取样品与施工现场材料的一致性,施工单位在送样时,中心试验室、驻地监理工程师及咨询技术服务单位代表须全程参与,并要求在施工单位拌和场内现场取样签封,由驻地监理、施工单位及咨询技术服务单位共同送样至具有甲级资质的检测机构,进行目标配合比设计。

(2)面层沥青混合料的级配范围满足表9-10所列的技术要求。

沥青混合料面层混合料矿料级配范围 表9-10

类型	粒径(mm)												
	<31.5	<26.5	<19.0	<16.0	<13.2	<9.5	<4.75	<2.36	<1.18	<0.60	<0.30	<0.15	<0.075
ATB-25	100	90~100	60~80	48~68	42~62	32~52	20~40	15~32	10~25	8~18	5~14	3~10	2~6
AC-25C	100	90~100	70~90	60~82	51~73	40~65	24~48	14~32	10~24	7~18	6~14	4~10	3~7
AC-20C	100	100	90~100	74~90	62~82	50~70	32~46	22~36	16~28	10~22	6~16	4~12	3~7
SMA-13				100	90~100	50~75	20~34	15~26	14~24	12~20	10~16	9~15	8~12
AC-13C				100	90~100	60~80	30~53	20~40	15~30	10~23	7~18	5~12	4~8

(3)目标配合比设计采用马歇尔试验配合比设计法。沥青混合料马歇尔试验技术指标应满足表9-11所列的技术要求。

沥青混合料马歇尔试验技术指标要求 表9-11

试验项目		类型				
		SMA-13	ATB-25	AC-20C	AC-25C	AC-13C
击实次数(次)		两面各75	两面各75	两面各75	两面各75	两面各75
稳定度(kN)		≥6	≥7.5	≥8.0	≥8.0	≥7.5
流值(0.1mm)		—	15~40	15~40	15~40	15~40
空隙率(%)		3~4.5	4~6	4~6	3~6	4~6
沥青饱和度(VFA)(%)		75~85	55~70	65~75	60~70	65~75
矿料间隙率(VMA)(%) 不小于	3	≥16.5	—	—	≥11	—
	4		12	≥13	≥12	≥14
	5		13	≥14	≥13	≥15
	6		14	≥15	≥14	≥16
粗集料骨架间隙率(VCA$_{mix}$)		≤VCA$_{DRC}$	—	—	—	—
残留马歇尔稳定度(%)		≥85	≥80	≥85	≥80	≥85
渗水系数(ml/min)		≤60	—	≤100	≤100	≤60

试验项目	类型				
	SMA-13	ATB-25	AC-20C	AC-25C	AC-13C
动稳定度(次/mm)	≥6000	≥1500(基质)	≥4000	≥1500(基质)/≥3200(改性)	≥3200
-10℃弯曲试验破坏应变(με)	≥2500	—	≥2500	≥2000	≥2500
冻融劈裂强度比(%)	≥80	≥75	≥80	≥75	≥80
析漏试验结合料损失(%)	≤0.1	—	—	—	—
飞散试验结合料损失(%)	≤15	—	—	—	—

注:1.当设计空隙率不足整数时,用内插法确定要求的最小VMA。

2.车辙试验试件不得采用经二次加热重塑成型的试件,当采用改性沥青时,试件成型后在常温下冷却的时间不得少于48h,也不宜大于5d。车辙试件压实度控制在(100±1)%,并且需要整块车辙试件检测压实度。

3.目标配合比设计必须经审批通过后,方可进行生产配合比的调试。

9.3.3 生产配合比设计阶段

(1)对间歇式沥青混合料拌和机,应按规定方法取样测试各热料仓的材料级配,确定各热料仓的配合比,供沥青混合料拌和机控制室使用。

(2)选择适宜的筛孔尺寸和安装角度,尽量使各热料仓的供料大体平衡。

(3)取目标配合比设计的最佳沥青用量OAC、OAC±0.3%等3个沥青用量进行马歇尔试验和试拌,通过室内试验及从沥青混合料拌和机取样试验综合确定生产配合比的最佳沥青用量,由此确定的最佳沥青用量与目标配合比设计的结果的差值不宜大于±0.2%。

(4)按照选定的各料仓比例和最佳油石比进行沥青混合料室内试验,沥青混合料各项检测指标应满足表9-10所列的技术要求。

9.3.4 生产配合比验证

(1)施工单位应根据设计图纸、现场施工条件等,按合同规定的人员、机械设备等进场,并应确定沥青混合料面层的施工方案;编制详细的施工组织设计,并报驻地监理审批。

(2)在沥青混合料面层开工前,设计单位应对施工单位进行设计交底。

(3)在沥青路面施工前1个月,应选好各种沥青路面的原材料,并及时完成目标配合比的相关工作。

(4)在沥青面层正式开工之前,应铺筑试验段,试验路长度不少于300m。

(5)拌和站沥青混合料拌和机、运输机械、摊铺机械、压力机械及辅助人员应及时到位。

(6)通过铺筑沥青路面试验路段,确定以下主要参数:

①用于施工的生产配合比参数收集;通过试拌确定沥青混合料拌和机的上料速度、拌和数量与时间、拌和温度、沥青和集料变化与波动的调控手段等施工工艺,验证沥青混合料

拌和机自动控制系统的可信度。

②沥青混合料对应的摊铺机参数下的松铺系数。

③标准施工方法。

④对施工工艺合理性分析,以便对下一步施工进行指导。

⑤压实机械的选择和组合,压实的顺序、速度和遍数。

⑥摊铺机的技术参数,包括摊铺温度、摊铺速度、初步振捣夯实的方法和强度、自动找平方式等。

⑦通过碾压确定适宜的压路机类型和数量、压路机组合方式、碾压温度、碾压速度和碾压遍数等施工工艺以及纵、横向施工缝的处理方式等。

⑧确定施工产量及作业段的长度,修订施工组织计划;建立、健全质量保证体系。通过试验路面层施工和现场检验对现行路面设计的工艺可行性和各项路用性能予以评估和预测。通过对各道工序的偏差分析,提出合理的工艺控制参数和改进措施。

⑨确定施工组织及管理体系、质保体系、人员、机械设备、检测设备、通信及指挥方式(制作路面各岗位框图)。

(7)试验段数据采集分析完后,施工单位应按照本指南附录A.2的要求编写试验段总结报告,试验段总结应及时上报驻地监理工程师,驻地监理工程师批复后方可进行大面积施工。

9.4 施工工艺

9.4.1 施工准备

(1)应具备经中心试验室、驻地监理工程师批准的沥青混合料配合比设计资料。

(2)对下承层应彻底清扫(冲洗)干净,并均匀洒布黏层。

(3)严格控制摊铺层的设计高程、厚度、平整度、横坡度和压实度。

(4)根据气温情况严格控制混合料的施工温度。

(5)严格控制各道工序的质量,上道工序的质量未经检验合格并签认,不得进行下道工序施工。

(6)气温在10℃以下或雨天不得进行沥青混合料路面施工。未压实而被雨淋的沥青混合料应铲除废弃,不得回收利用。

(7)注意机械设备检修调试,保证其正常运转。应根据施工任务、合同工期、质量要求,配置主要机械设备及辅助器具。在满足设计及招标文件的前提下,每个施工单位设备配备不低于表9-12所列要求。

单个沥青路面施工机械设备配置　　　　　表9-12

序号	机械名称	数量	备注
1	沥青混合料拌和设备	1套	设备额定产量不小于320t/h（4000型及以上），配备热再生一体生产设备
2	全自动履带式摊铺机	1~2台	（1）柔性基层、下面层拼宽路段采用1台机械拼装摊铺机摊铺，分离式路段1~2台宽幅抗离析机械拼装摊铺机摊铺，功率不小于230kW； （2）中、上面层采用1台整幅抗离析机械拼装摊铺机摊铺，功率不小于300kW，具备远程控制系统自动摊铺功能； （3）加宽处施工应另外配置1台可伸缩式摊铺机，严禁纵向冷接缝处理
3	双钢轮振动压路机	2~4台	（1）AC、ATB结构拼宽路段取下限值，全断面路段取上限值，SMA、PA结构全段面需6台； （2）自重不小于13t，双驱双振，具备远程控制系统自动碾压功能
4	胶轮压路机	2~3台	（1）AC、ATB结构拼宽路段取下限值，全断面路段取上限值，SMA、PA结构可配置1台； （2）自重不小于26t，带配重，具备远程控制系统自动碾压功能
5	振荡压路机（或高频低幅振动压路机）	1台	用于桥面（桥长不小于200m）碾压
6	小型振动压路机	1台	用于边角地带碾压
7	同步沥青碎石封层车	1台	同步碎石封层施工
8	乳化沥青洒布车	1台	黏层施工
9	稀浆封层车	1台	微表处施工
10	全自动路面清扫车	1台	
11	铣刨机	1台	拼宽处铣刨
12	制砂机	1台	850型以上（产量85~110t/h）

9.4.2　沥青混合料拌和

（1）拌和生产之前，应根据目标配合比对冷料的上料进行标定，避免拌和楼生产过程中等料、溢料。

（2）集料和沥青应按生产配合比验证确定的用量送进沥青混合料拌和机，矿粉直接从窗口加入。沥青混合料拌和机的矿粉仓应配备振动、破拱装置，以防矿粉起拱。如需添加抗车辙剂、纤维稳定剂时，宜增加粉料仓，也可由专用管线和螺旋升送器直接加入拌和锅。每天开始几盘集料应提高加热温度，并干拌几锅集料废弃，再正式加沥青拌和混合料。

（3）送入沥青混合料拌和机里的集料温度、沥青温度、混合料出厂温度、摊铺和碾压温度应符合表9-13的规定。

沥青混合料的施工温度要求　　　　　表9-13

沥青品种	改性沥青或改性添加剂	道路石油沥青	测量部位
矿料温度	180~200℃（填料不加热）	165~190℃（填料不加热）	热料提升斗
混合料出厂温度	正常范围170~185℃，超过195℃废弃	正常范围150~170℃，超过185℃废弃	运料车

沥青品种	改性沥青或改性添加剂	道路石油沥青	测量部位
摊铺温度	不低于165℃	不低于145℃	摊铺机
初压温度	不低于155℃	不低于140℃	摊铺层内部
复压温度	不低于140℃	不低于120℃	碾压层内部
碾压终了温度	不低于90℃	不低于80℃	碾压层内部
开放交通温度	不高于50℃		

(4)混合料首盘拌和时,应对拌和楼进行预热至拌和设备温度恒定,待集料温度满足要求后,再正式加沥青拌和混合料。

(5)普通沥青每盘的生产周期不宜少于45s(其中干拌时间应在5~10s之间),改性沥青或改性添加剂混合料的拌和时间不宜短于60s(其中干拌时间不短于10s)。沥青混合料拌和应调整沥青、矿料添加的延迟时间,确保沥青先与集料接触,使所有集料颗粒全部裹覆沥青,并确保沥青混合料拌和均匀,无花白料。

(6)拌和楼应配有二级除尘装置,回收粉尘不得用于沥青混合料,宜直接用废粉罐回收。

(7)应定期检查拌和楼热料仓矿料组成情况,正常生产时宜每天进行1次热料筛分。若混合料生产出现异常,则应增加热料仓矿料级配的抽检次数,并检查拌和楼筛网有无破损、堵孔。

(8)拌和楼每个台班拌和结束时应逐盘打印出每盘的材料用量及沥青混合料总量,按现行《公路沥青路面施工技术规范》(JTG F40)规定的方法进行沥青混合料生产质量及铺筑厚度的总量检验。总量检验数据有异常波动时,应立即停止生产,分析原因。

9.4.3 混合料运输

(1)为保证沥青混合料及时地运至摊铺现场,必须配备足够数量的运输车辆,运输能力必须大于沥青混合料拌和机生产能力。

(2)沥青混合料的运输车辆载重量宜达到20t以上,底板应涂一薄层隔离剂;装料前,运输车底板应排干积水;车轮胎必须清理干净,减少对黏层油的污染。

(3)驾驶员应加强对汽车的维护,避免混合料运输途中停车使混合料冷却受损。装料时,汽车应按照前、后、中的顺序来回移动。运料汽车应在摊铺机前10~30cm处停住,不得撞击摊铺机;卸料过程中运料汽车应挂空挡,靠摊铺机推动前进,以确保摊铺层的平整度。

(4)运料车应采用厚篷布严密覆盖,卸料过程中仍继续覆盖直到卸料结束。在气温较低时运料车车厢侧面应加装保温层,确保混合料温度稳定。

（5）根据运距和拌和的生产能力配备数量足够的自卸汽车,总运力不小于沥青混合料拌和机产量,且要超过摊铺机摊铺能力20%。要求每台运料汽车应有紧密、清洁、光滑的金属底板和侧板,并配有保温覆盖措施,车厢四角应密封坚固。在运料车侧厢板中部距底30cm处钻取测温孔,检测时插入深度不少于150mm。

（6）施工过程中摊铺机前方应有运料车在等候卸料,开始摊铺时在施工现场等候卸料的运料车不宜少于5辆,以保证连续摊铺。

（7）沥青混合料运至摊铺地点后应检查拌和质量和混合料温度,对不符合温度要求或已经结成团块、已遭雨淋湿的混合料不得铺筑。

（8）运料车不得紧急制动、在急弯处掉头,以避免对透层、封层或刚摊铺的沥青面层造成损坏。

9.4.4　混合料摊铺

（1）摊铺前应根据松铺厚度、纵横坡度调整好摊铺机。摊铺机开始摊铺前必须对熨平板预热至110℃以上,摊铺过程中必须开动熨平板的振动捶击等夯实装置。

（2）摊铺速度应与沥青混合料拌和机供料速度协调,摊铺机必须缓慢均匀、连续不间断地摊铺,不得随意变换速度或中途停顿（即使用餐、避暑时也应轮换,不得中途停顿,超过0.5h停机须留横向接缝）,以提高平整度,减少混合料离析。路基段摊铺速度宜控制在2~3m/min范围内,桥面段摊铺速度宜控制在1~2m/min范围内,弯道控制在1m/min。

（3）摊铺机应配备整平板自控装置,可通过基准面探出纵坡和整平板的横坡,并能自动发出信号操纵整平板,使摊铺机能铺筑出合格的纵横坡度。横坡控制器应能让整平板保持理想的坡度,精度在±0.3%范围内。

（4）每台摊铺机应配备两台非接触式的平衡梁自动找平装置,与整平板自动控制的传感器相组合,控制混合料铺面的摊铺厚度和平整度。下面层由钢丝绳引导的高程控制方式;中面层应采用非接触式平衡梁摊铺厚度控制方式。当下面层的平整度比较差或处于桥面过渡段时,中面层应采用由钢丝绳引导的高程控制方式。

（5）应采取在摊铺机输送螺旋的前挡板下部加设防离析装置;运料车增加尾侧挡板,并多级顶升卸料;摊铺机喂料斗翼板慢速合拢等措施,以有效减少离析,确保摊铺均匀性;摊铺方向尽量与道路行车方向保持一致。

（6）边沟和其他结构物的接触面上应均匀涂上一层黏层沥青,然后才能紧靠这些接触面摊铺沥青混合料。

（7）应根据沥青标号、黏度、气温、摊铺层厚度合理选用摊铺温度。摊铺沥青混合料时,气温宜在20℃以上,当气温低于10℃时,不得摊铺热拌沥青混合料。

（8）摊铺过程中应跟踪检查摊铺层厚度及横坡度，并按《公路沥青路面施工技术规范》（JTG F40—2004）附录 G 所述的总量检验方法，由混合料总量与摊铺面积校验平均厚度，不符合要求时应根据铺筑情况及时进行调整。

（9）在铺筑过程中，料斗进料口应完全打开，摊铺机螺旋送料器应不停顿地转动，速度适宜，并保持有不少于螺旋分料高度 2/3 的混合料，且不应使沥青混合料时多时少，保证在摊铺机全宽度断面上不发生离析。熨平板按所需厚度固定后，不得随意调整。

（10）摊铺的混合料未压实前，施工人员不得进入踩踏，不应人工反复修整。人工找补或更换混合料应在现场主管人员指导下进行。缺陷较严重时，应予铲除，并调整摊铺机或改进摊铺工艺。当属机械原因引起严重缺陷时，应立即停止摊铺。

（11）在路面狭窄部分、平曲线半径过小的匝道或加宽部分、中央开口带等小规模采用小型摊铺机摊铺，工程经驻地监理工程师批准后可用人工摊铺，人工摊铺沥青混合料应符合下列要求：

①摊铺时应扣锹摊铺，不得扬锹抛洒。

②边摊铺边用刮板整平，刮平时应轻重一致，往返刮 2~3 次达到平整即可，不得反复撒料、反复刮平，以防引起粗集料离析。

③撒料用的铁锹等工具宜加热使用，也可以沾隔离剂溶液，以防黏结混合料。但撒料不得过于频繁，以免影响混合料质量。

④摊铺不得中途停顿，如因故不能及时碾压或遇雨时，应停止摊铺，并对卸下的沥青混合料覆盖保温；摊铺好的沥青混合料应紧接着碾压，如混合料来不及碾压，已冷却时应废弃不用。

（12）在摊铺桥面沥青面层前，桥梁伸缩缝处均须用低标号砂浆填充、抹平，并与桥面铺装层或梁板顶面（不设铺装层时）齐平。

9.4.5 混合料碾压

（1）沥青混合料的压实是保证沥青面层质量的重要环节，碾压应遵循紧跟、慢压、高频、低幅、少水的原则梯状进行；不得在低温状态下反复碾压，防止磨掉石料棱角、压碎石料，破坏石料嵌挤；碾压温度应符合规范要求。热拌沥青混合料充分压实后应符合压实度及平整度双重指标要求，不可过分提高平整度指标而放松压实度要求。

（2）应选择合理的压路机组合方式及碾压步骤，以达到最佳压实效果。沥青混合料压实宜采用钢筒式静态压路机与胶轮压路机、振动压路机组合的方式。碾压组合方式如表9-14所示。

沥青混合料碾压组合方式 表9-14

碾压阶段	压路机类型	碾压模式
初压	双钢轮振动压路机或振荡压路机	前静后振,1~2遍
复压	轮胎压路机	组合碾压4~6遍
	双钢轮振动压路机或振荡压路机	
终压	双钢轮振动压路机	静压两遍,消除轮迹

（3）沥青混合料的压实应按初压、复压、终压（包括成型）3个阶段进行。压路机应以慢而均匀的速度碾压,压路机的碾压速度应符合表9-15的规定。对初压、复压、终压段落设置明显标志,便于压路机操作工辨认。对松铺厚度、碾压顺序、压路机组合、碾压遍数、碾压速度及碾压温度,路面施工单位须设专岗管理和检查,使面层做到既不漏压也不超压。

压路机碾压速度（单位:km/h） 表9-15

压路机类型	初压		复压		终压	
	适宜	最大	适宜	最大	适宜	最大
钢筒式压路机	2~3	4	3~5	6	3~6	6
轮胎压路机	2~3	4	3~5	6	4~6	8
振动压路机碾压方式	2~3（静压或振动）	3（静压或振动）	3~4.5（振动）	5（振动）	3~6（静压）	6（静压）

（4）沥青混合料的初压应符合下列要求：

①初压应在混合料不产生推移、开裂等情况下,紧跟摊铺机后,在较高温度下碾压,并保持较短的初压区长度,以尽快使用表面压实,减少热量散失。

②压路机应从外侧向中心碾压,在超高路段则由低向高处碾压,在坡道上应将驱动轮从低处向高处碾压,相邻碾压带应重叠1/3~1/2轮宽。当边缘有挡板、路缘石、路肩等支挡时,应紧靠支挡碾压。当边缘无支挡时,可用耙子将边缘的混合料稍稍耙高,然后将压路机的外侧轮伸出边缘10cm以上碾压。也可在边缘先空出宽30~40cm,待压完第一遍后,将压路机大部分重量位于已压实过的混合料面上再压边缘,以减少向外推移。

③采用的钢筒式压路机或关闭振动装置的振动压路机,其线压力不宜小于350N/cm。初压后检查平整度、路拱,必要时予以适当修整。

④碾压路线及碾压方向不应突然改变而导致混合料产生推移。压路机启动、停止必须减速缓慢进行。

（5）复压应紧接在初压后进行,不得随意停顿,并符合下列要求：

①复压宜采用重型的轮胎压路机、振动压路机。碾压遍数应经试验段确定,不宜少于4~6遍,达到要求的压实度,并无明显轮迹。

②采用的轮胎压路机,推荐自重为30t以上。冷态时轮胎充气压力不小于0.55MPa,轮胎发热后不小于0.6MPa,且各个轮胎的气压大体相同。相邻碾压带应重叠1/3~1/2的碾压轮宽度。

③采用的振动压路机,振动频率宜为35~50Hz,振幅宜为0.3~0.8mm,并根据混合料种类、温度和层厚选用,层厚较厚时选用较大的频率和振幅,以产生较大的激振力。厚度较薄时,采用高频率、低振幅,以防止集料破碎。相邻碾压带重叠宽度为10~20cm,振动压路机倒车时应先停止振动,并在向另一方向运动后再开始振动,以避免混合料形成鼓包。

(6)终压应紧接在复压后进行。终压可选用双轮钢筒式压路机或关闭振动的振动压路机碾压,不宜少于两遍,消除轮迹,提高平整度。

(7)碾压注意事项。

①压路机的碾压段长度以与摊铺速度平衡为原则选定,并保持大体稳定。气温高、风速小时,碾压段宜长;气温低、风速大时,碾压段宜短。压路机每次应由两端折回的位置呈阶梯形地随摊铺机向前推进,使折回处不在同一横断面上。在摊铺机连续摊铺的过程中,压路机不得随意停顿。

②压路机碾压过程中有沥青混合料粘轮现象时,应立即清除。对于钢轮压路机,可向碾压轮喷水以防粘轮(水中可添加少量表面活性剂),但必须严格控制喷水量且必须成雾状。对于轮胎压路机,开始碾压阶段,可涂刷少量隔离剂或防黏结剂。

③压路机不得在未碾压成型的路段上转向、掉头或停车等候。振动压路机在已成型的路面行驶时应关闭振动。

④对压路机无法压实的桥梁、挡土墙等构造物接头、拐弯死角、加宽部分及某些路边缘等局部地区,应采用小型压实机具进行压实。对雨水井与各种检查井的边缘还应用人工夯锤等进行补充夯实。

⑤在当天碾压成型路面上,不得停放任何机械设备或车辆,不得散落矿料、油料等杂物。

⑥应随时观察路面早期的施工裂缝,发现因推移产生的裂缝时,应及时调整碾压方式。

(8)特殊路段的碾压。特殊路段的碾压是指小半径弯道、交叉口、路边、陡坡等处的压实作业。

①弯道或交叉口的碾压。在弯道或交叉口的碾压,应先用铰接转向式压路机作业,从弯道内侧或弯道较低一边开始碾压(以利于形成支承边)。对急弯应尽可能采取直线式碾压(即缺角式碾压),并逐一转换压道,对缺角处用小型机具压实。压实中应注意转向同速度相吻合,尽可能用振动,以减少剪切力。

②路边碾压。压路机在没有支承边的厚层上碾压时,可在离边缘30~40cm(层厚较薄时,预留20cm)处开始碾压作业。这样就能在路边压实前形成一条支承侧面,以减少沥青混

合料碾压时出现塌边现象。在接下来碾压留下的未压部分时,压路机每次只能向自由边缘方向推进10cm。

③陡坡碾压。在陡坡碾压时,压路机的很大部分作用力将向下坡方向,因而增加了混合料顺坡下移的趋势。为抵消这种趋势,除了下承层表面必须清洁、干燥、喷洒黏层沥青外,压实时应注意,先采用轻型压路机预压(轮胎压路机不宜用作预压)。若采用振动压路机,则应先静压,待混合料达到稳定后,方可采用低振幅的振动碾压。陡坡碾压中,压路机的起动、停止、变速要平稳,避免速度过高或过低,混合料温度不宜过高。

9.4.6 接缝施工

(1)相邻两幅及上下层的横向接缝均应错位1m以上,并采用垂直的平接缝。铺筑接缝时,可在已压实部分上面铺设一些热混合料使之预热软化,以加强新旧混合料的黏结。但在开始碾压前应将预热用的混合料铲除。

(2)平接缝应做到紧密黏结,充分压实,连接平顺。施工可采用下列方法:

①在施工结束时,摊铺机在接近端部前约1m处将熨平板稍稍抬起驶离现场,用人工将端部混合料铲齐后再予碾压。然后用3m直尺检查平整度,趁尚未冷透时垂直刨除端部层厚不足的部分,使下次施工时成直角连接。

②在预定摊铺段的末端先铺上一层麻袋或牛皮纸(也可撒一薄层砂带),摊铺碾压成斜坡,在混合料尚未完全冷却结硬之前,将铺有麻袋或牛皮纸(撒有薄层砂带)的部分用切割机切除(切缝前用3m直尺检查端部平整度,当平整度不符合要求时,应加长切割范围,直至平整度符合要求的位置),切缝后必须用水冲洗干净。

(3)从接缝处起继续摊铺混合料前应用3m直尺检查端部平整度,当不符合要求时,应予清除。在横向接缝端部涂黏层沥青,用熨平板预热,并在摊铺机整平板下放置起始垫板(垫板的厚度应等于混合料摊铺厚度与已压实路面厚度之差),以调整好预留高度。横向接缝清缝时,不得向新铺混合料方向过分推刮。接缝处摊铺层施工结束后再用3m直尺检查平整度,当不符合要求时,应趁混合料尚未冷却时立即处理。

(4)横向接缝应先用双钢轮压路机进行横向碾压。碾压时压路机应位于已压实的混合料层上,伸入新铺层的宽度为15cm。每压一遍向新铺混合料移动15~20cm,直至全部在新铺层上为止,再改为纵向碾压。当相邻摊铺已经成型,同时又有纵缝时,可先用钢筒式压路机沿纵缝碾压一遍,碾压宽度为15~20cm,然后再沿横缝作横向碾压,最后进行正常的纵向碾压。

9.4.7 交通管制

任一沥青混合料结构层应待摊铺层完全自然冷却,混合料表面温度低于50℃并且固化

24~48h(普通沥青混合料24h,改性沥青混合料48h)后,方可开放交通。施工单位还应限制交通重量,以免破坏路面。

9.5 施工质量管理与检查验收

9.5.1 控制要点

(1)每台沥青混合料拌和机每台班应取一组混合料试样做马歇尔和抽提筛分试验,检验油石比、矿料级配和沥青混合料的物理力学性质。油石比与设计值的允许误差为−0.1%~−0.2%。矿料级配与生产设计标准级配的允许差值为:0.075mm筛孔通过率允许偏差±2%;2.36mm及以下筛孔通过率允许偏差±2%;4.75mm及以上筛孔通过率允许偏差±3%。

(2)每天施工结束后,用沥青混合料拌和机打印的各料数量,进行总量控制。以各仓用量及各仓筛分结果,抽查矿料级配;计算平均施工级配和油石比,与设计结果进行校核;以每天产量计算平均厚度,与路面设计厚度进行校核。根据上述检测数据和混合料马歇尔试验及抽提筛分试验结果,及时对拌和机进行合理调整。

(3)渗水系数应作为常规试验进行检测。应使用改进型渗水仪,按取芯压实度检验频率随机选点,中、下面层合格率宜不小于90%。当合格率未达到要求时,应加大检测频率,如渗水系数检测结果仍然不合格,须进行返工处理。小面积不合格位置须采取喷洒黏层油或采用人工刮铺乳化沥青砂等处理措施。

(4)面层混合料的离析包括沥青混合料的温度离析和沥青混合料的级配离析。应对离析作如下控制:

①施工过程中采用红外温度探测器检测的温度差不应超过20℃。

②同一断面,不同点位,检测的密度不应超过0.075g/cm³(大体上相当于空隙率相差3%)。

③同一断面,构造深度的最大值与平均值之比不应超过1.5。

(5)应注重层间结合及钻孔修复工作,对于污染的路面应及时清理,驻地监理单位要全程监控。

9.5.2 质量检测要求

(1)面层沥青混合料生产、铺筑过程中必须随时对生产质量、铺筑质量进行评定,质量检查的内容、允许差应符合表9-16、表9-17的规定。

检查频率和质量要求　　　　　　　　　　　　　　　　表9-16

项目			质量要求或允许偏差	试验方法
混合料外观			观察集料粗细、均匀性,有无离析,油石比,色泽,有无冒烟,有无花白料,有无油团等现象	目测
拌和温度	沥青、集料的加热温度		符合本指南表9-13的规定	传感器自动检测、显示并打印
	混合料出厂温度	逐车检测	符合本指南表9-13的规定	传感器自动检测、显示并打印,出厂时逐车按T 0981人工检测
		逐盘测量记录,每天取平均值	符合本指南表9-13的规定	传感器自动检测、显示并打印
矿料级配（筛孔）	0.075mm	逐盘在线检测	±2%	计算机采集数据计算
	2.36mm		±4%	
	4.75mm		±5%	
	0.075mm	逐盘检查,每天汇总1次取平均值评定	±1%	总量检验
	2.36mm		±2%	
	4.75mm		±2%	
	0.075mm	试验室检测	±2%	T 0722、T 0735、T 0725与标准级配比较的差
	2.36mm		±3%	
	4.75mm		±4%	
沥青用量（油石比）	逐盘在线监测		±0.3%	计算机采集数据计算
	逐盘检查,每天汇总1次取平均值评定		±0.1%	总量检验
	试验室检测		±0.3%	T 0722、T 0735
马歇尔试验:空隙率、稳定度、流值			符合本指南表9-11的规定	T 0702、T 0709
浸水马歇尔试验			符合本指南表9-11的规定	T 0702、T 0709
动稳定度试验			符合本指南表9-11的规定	T 0719

注:1.单点检验是指,试验结果以一组试验结果的报告值为一个测点的评价依据,一组试验(如马歇尔试验、动稳定度试验)有多个试样时,报告值的取用按现行《公路工程沥青及沥青混合料试验规程》(JTG E20)的规定执行。

2.对高速公路和一级公路,矿料级配和油石比必须进行总量检验和抽提筛分的双重检验控制,互相校核。油石比抽提试验应事先进行空白试验标定,提高测试数据的准确度。

工程质量的控制标准　　　　　　　　　　　　　　　　表9-17

项目		质量要求或允许偏差	试验方法
外观		表面平整密实,不得有明显轮迹、裂缝、推挤、油汀、油包等缺陷,且无明显离析	目测
施工温度	摊铺温度	符合本指南表9-13的规定	T 0981
	碾压温度	符合本指南表9-13的规定	插入式温度计实测

项目			质量要求或允许偏差	试验方法
厚度	每一层次	随时,厚度	设计值的−10%	施工时插入法量测松铺厚度及压实厚度
		1个台班区段的平均值厚度	设计值的−5%	总量检验
压实度,大于或等于			试验室标准密度的98% 最大理论密度的94% 试验段密度的99%	T 0924、T 0922
平整度	面层(最大间隙)	接缝处	≤3mm	T 0931
	上面层		≤0.8mm	
	中面层		≤1.0mm	
	下面层		≤1.2mm	
渗水系数	上面层		≤60mL/min	T 0971
	中面层		≤100mL/min	
	下面层		≤100mL/min	

注:1.表中厚度检测频度指高速公路的钻坑频度,通常采用压实度钻孔试件测定。

2.压实度检测按《公路沥青路面施工技术规范》(JTG F40—2004)的规定执行。采用核子密度仪等进行无破损检测时,取每13个测点的平均值作为1个评定点,以判断是否符合标准。试验室密度是指与配合比设计相同方法成型的试件密度。

3.3m直尺主要用于接缝检测,对正常生产路段,采用连续式平整度仪测定。

(2)上面层SMA-13路面验收指标如表9-18所示。

上面层SMA-13路面验收指标 表9-18

指标	横向力系数(SFC)	摆值(F_b)	构造深度(TD)(mm)	石料磨光值(PSV)
数值	≥54	≥45	≥0.55	≥42

(3)施工过程中应随时对路面进行外观(色泽、油膜厚度、表面空隙)检查,发现路面局部渗水、严重离析或压实度不足时,应采取补救措施。

(4)其他未描述的路面结构类型(AC、ATB)检查验收指标,请参照本项目路面施工图纸执行。

10 PA-13排水沥青路面

10.1 总则

（1）排水沥青路面空隙率达到18%以上时，路表水可以渗入路面内部，并可以横向排出，这类路面又称多空隙沥青路面。

（2）排水沥青路面具有优良的服务功能，如抗滑性能好、安全性高、噪声低、行车舒适等，在国外有"顶级功能型"路面称号。

（3）排水沥青路面的耐久性对施工工艺非常敏感，施工质量决定着工程的成败。良好的施工质量控制条件有利于延长排水沥青路面耐久性，施工不当则容易造成早期病害。因此，修建排水沥青路面要做到认真施工、严格管理。

10.2 原材料

10.2.1 沥青

（1）排水沥青路面应采用适合交通和气候特点的高黏度改性沥青。国内成熟且经过工程验证的方案为SBS改性沥青与直投改性高黏度改性剂（HVA）复合改性工艺。

（2）SBS改性沥青中，SBS改性剂含量不低于4.5%（内掺）。

（3）SBS改性沥青技术指标应满足表10-1的技术要求。

SBS改性沥青技术要求 表10-1

检测项目	单位	指标	试验方法
针入度25℃/100g,5s	0.1mm	40~55	T 0604
延度5℃,5cm/min,不小于	cm	20	T 0605
软化点,不小于	℃	75	T 0606
运动黏度135℃	Pa·s	2.2~3.0	T 0625
三氯乙烯溶解度,不小于	%	99	T 0607
闪点,不小于	℃	230	T 0610
弹性恢复25℃,不小于	%	90	T 0662
密度25℃	g/cm³	实测记录	T 0603

续上表

检测项目		单位	指标	试验方法
储存稳定性离析,48h软化点差,不大于		℃	2.2	T 0661
TFOT或RTFOT后残留物	质量损失,不小于	%	±1.0	T 0610
	针入度比25℃,不小于	%	65	T 0604
	延度5℃,5cm/min,不小于	cm	15	T 0605

(4)高黏度改性沥青的制备应采用92%SBS改性沥青+8%高黏度改性剂(HVA),SBS改性沥青应与HVA改性添加剂具有较好的配伍性,需要选取2~3组改性沥青进行高黏度改性剂比选。

(5)高黏度改性添加剂检测指标应满足表10-2所列的技术要求,高黏度改性沥青检测指标应满足表10-3的技术要求。

高黏度改性添加剂检测指标   表10-2

项目	单位	技术要求	试验方法
外观	—	颗粒状,均匀、饱满	JT/T 860.2—2013
单粒颗粒质量	g	≤0.03	JT/T 860.2—2013
相对密度	—	≤1.0	JT/T 860.2—2013
熔融指数	g/10min	≥2.0	JT/T 860.2—2013
灰分	%	≤2	JT/T 860.2—2013

高黏度改性沥青技术要求   表10-3

指标	单位	技术要求	试验方法
针入度25℃,100g,5s,不小于	0.1mm	40	T 0604—2010
软化点 $T_{R\&B}$,不小于	℃	90	T 0606—2010
延度5℃,5cm/min,不小于	cm	30	T 0605—2010
60℃动力黏度,不小于	Pa·s	400000	T 0620—2000
布氏黏度(170℃)不大于	Pa·s	3.0	T 0625—2000
闪点,不小于	℃	230	T 0610—2010
溶解度	%	99	T 0607—2010
弹性恢复25℃,不小于	%	95	T 0662—2000
黏韧性25℃,不小于	N·m	25	T 0624—2010
韧性25℃,不小于	N·m	20	T 0624—2010
密度25℃	g/cm³	实测记录	T 0603—2010
TFOT后残留物			T 0609—2010
质量变化,不大于	%	±1.0	

指标	单位	技术要求	试验方法
针入度比25℃,不小于	%	65	T 0609—2010
延度5℃,不小于	cm	20	

注:1.高黏度改性沥青制作方法。使用高黏度改性剂样品在室内制备高黏度改性沥青的方法如下:a.将基质沥青加热到约180℃(基质沥青为普通沥青时)或190℃(基质沥青为改性沥青时),然后加入设计掺量的高黏度改性剂,用玻璃棒搅拌均匀;b.将试样杯放到高速剪切机下,调整转速到5000r/min,持续剪切30min,整个过程温度控制在180~190℃之间(改性沥青温度适当提高5~10℃);c.关闭剪切机,将改性沥青放入180℃烘箱中发育30min,即可取样进行各种试验。

2.本项目干法改性工艺,高黏度改性沥青的储存稳定性,48h软化点差不作要求。

10.2.2 粗集料

(1)粗集料应均匀、洁净、干燥,应选用高黏附性、高耐磨耗性、高耐破碎性的优质集料,其检测指标应符合表10-4所列的技术要求。

粗集料技术要求 表10-4

试验项目		单位	技术要求	试验方法
软石含量,不大于		%	1	T 0320
坚固性,不大于		%	8	T 0314
压碎值,不大于		%	18	T 0316
高温压碎值,不大于		%	23	—
洛杉矶磨耗损失,不大于		%	20	T 0323
磨光值,不小于		PSV	42	T 0321
沥青黏附性,不小于		级	5	T 0654
水洗法粒径<0.075mm颗粒含量,不大于		%	1	T 0310
表观相对密度,不小于		—	2.7	T 0304
毛体积相对密度,不小于		—	2.6	T 0304
吸水率,不大于		%	2	T 0307
针片状颗粒含量	混合料,不大于	%	12	T 0312
	其中粒径大于9.5mm,不大于	%	10	T 0312
	其中粒径小于9.5mm,不大于	%	12	T 0312

注:根据国外标准和应用,玄武岩长期处在高温阳光照射下,其表面会出现斑点和裂缝,最终导致表层剥离。在本项目中,参考欧标EN-1367-3-2001,对玄武岩进行光照剥离试验(Sonnenbrand)试验。其方法是将玄武岩做成标准试块,放在蒸馏水中在规定的时间和温度内进行煮熬,玄武岩表面可能产生斑点和像头发丝样裂缝。煮熬后玄武岩剥离部分不超过原试块重量的1%。同时要对玄武岩的碎石和石屑做强度检验。

(2)粗集料应符合表10-5所列的规格要求。

粗集料规格要求 表10-5

公称粒径 (mm)	通过各个筛孔(mm)的质量百分率(%)				
	16	13.2	9.5	4.75	2.36
9.5~13.2	100	90~100	0~10	0~5	—
4.75~9.5	—	100	90~100	0~10	0~5

10.2.3 细集料

（1）细集料必须采用由优质的9.5mm以上石灰岩碎石经专门设备加工的机制砂，严禁使用石屑。细集料应坚硬、洁净、干燥、无风化、无杂质和其他有害物质并有适当颗粒级配，其技术指标应符合表10-6的规定。

细集料技术要求　　　　　　　　　　　　表10-6

试验项目	单位	技术要求	试验方法
表观相对密度,不小于	—	2.6	T 0328
坚固性(粒径>0.3mm部分),不大于	%	3	T 0340
亚甲蓝值,不大于	g/kg	1.5	T 0349
棱角性(流动时间法),不小于	S	30	T 0345
砂当量,不小于	%	65	T 0334

（2）细集料的规格应符合表10-7所列的技术要求。

细集料规格要求　　　　　　　　　　　　表10-7

公称粒径 （mm）	通过各个筛孔(mm)的质量百分率(%)						
	4.75	2.36	1.18	0.6	0.3	0.15	0.075
0~2.36	100	90~100	60~90	25~60	8~45	0~25	0~10

10.2.4 填料

矿粉必须采用4.75mm以上优质石灰岩磨细的矿粉,矿粉必须保持干燥、洁净、无风化、无杂质,不得采用回收粉和粉煤灰取代填料。矿粉的技术指标及规格应满足表10-8所列的技术要求。

矿粉技术指标及规格要求　　　　　　　　　　表10-8

试验项目		单位	技术要求	试验方法
表观相对密度,不小于		—	2.6	T 0352
含水率,不大于		%	1	T 0103
外观		—	无团粒结块	观察
亲水系数,不大于		—	0.8	T 0353
塑性指数,不大于		%	4	T 0354
加热安定性		—	无明显变化	T 0355
粒径范围(mm)	<0.60	%	100	T 0351
	<0.30	%	95~100	
	<0.15	%	90~100	
	<0.075	%	75~100	

10.2.5 纤维稳定剂

在排水沥青混合料PA-13中掺加0.15%的玄武岩纤维,质量应该符合表10-9的技术要求。

束状玄武岩纤维技术指标要求　　　　　　　　　　　　　表10-9

序号	项目	技术要求	试验方法
1	平均长度(mm)	6、9、12(±10%)	JT/T 533—2020
2	平均直径(μm)	16±10%	JT/T 533—2020
3	断裂强度(MPa)	≥1000	JT/T 533—2020
4	断裂伸长率(%)	2.0~3.0	JT/T 533—2020
5	断裂强度保留率(%)	≥85	JT/T 533—2020
6	吸油率	≥0.5倍	JT/T 533—2020
7	密度(g/cm³)	≥2.600	JT/T 533—2020
8	含水率(%)	≤2.0	JT/T 533—2020

10.3 配合比设计

10.3.1 一般规定

排水沥青混合料配合比设计包括目标配合比设计、生产配合比设计以及生产配合比验证3个阶段。

10.3.2 目标配合比

(1)以表10-10所示的级配范围作为工程设计级配范围,在充分参考同类工程成功经验的基础上,在级配范围内试配3组不同2.36mm通过率(中值范围±3%左右)的矿料级配作为初选级配。

排水沥青混合料PA-13级配范围　　　　　　　　　　　　表10-10

级配范围	各级粒径(mm)通过质量百分率(%)									
	16	13.2	9.5	4.75	2.36	1.18	0.6	0.3	0.15	0.075
上限	100	100	71	30	20	17	14	12	9	6
下限	100	90	40	10	9	7	6	5	4	3

(2)配合比设计时,宜根据14μm沥青膜厚度和集料表面积预估沥青用量,其计算模型为:估算沥青用量=(假定膜厚×集料表面积)/10。

$$集料表面积=(0.41+0.41a+0.82b+1.64c+2.87d+6.14e+10.29f+32.77g)/100 \quad (10\text{-}1)$$

式中,a、b、c、d、e、f、g分别表示4.75mm、2.36mm、1.18mm、0.6mm、0.3mm、0.15mm和

0.075mm筛孔的百分通过率。

（3）按照初选配比分别成型马歇尔试件，每组试验测试试件不少于4个，检验体积指标和马歇尔稳定度。

（4）在体积指标和马歇尔稳定度达到设计要求的前提下，根据空隙率指标情况优选一组级配，按±0.5%，±1%变化沥青用量，分别进行析漏试验、飞散试验，将试验结果绘制成图，以飞散试验结果拐点为最小沥青用量（OAC1），以析漏试验反弯点为最大沥青用量（OAC2），在OAC1~OAC2范围内再参照马歇尔试验的结果，选择尽量大的沥青用量作为最佳沥青用量。

（5）一般情况下，以沥青含量为4.0%~6.0%范围，按0.5%的级差取5个量别的沥青用量进行试验，求出各自的析漏量。如果在4.0%~6.0%的范围内在漏析量曲线上的拐点不易判定，则在4.0%以下及6.0%以上任以0.5%的级差追加试验点，直至拐点能确认为止。PA-13沥青混合料最佳油石比见图10-1。

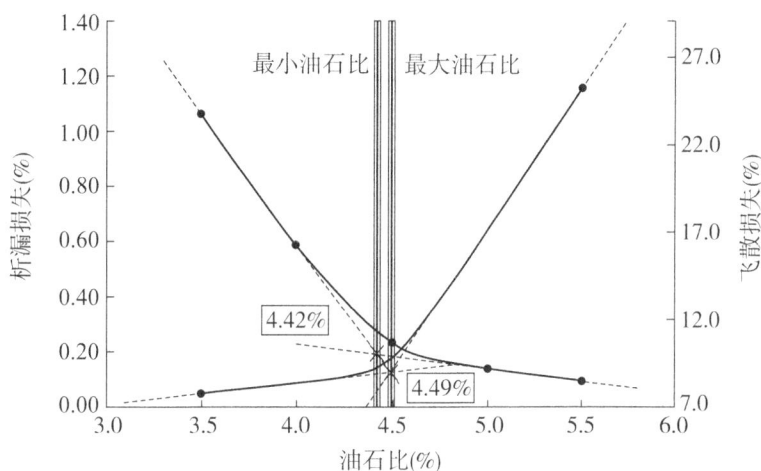

图10-1　PA-13沥青混合料最佳油石比

（6）以确定的矿料级配和最佳沥青用量拌和沥青混合料，分别进行马歇尔试验、谢伦堡析漏试验、肯塔堡飞散试验、车辙、冻融劈裂残留强度比等试验，各项指标应符合表10-11的技术要求，其空隙率与期望空隙率的差值不宜超过±1%。如不符合要求，应重新调整沥青用量拌和沥青混合料重新进行试验，直至符合要求为止。

PA-13沥青混合料指标技术要求　　　　　　　　　　　　表10-11

试验项目	单位	技术要求	试验方法
马歇尔试件击实次数	次	双面击实50次	T 0702
空隙率	%	18~25	T 0708体积法
		17~23	T 0707真空密封法
稳定度	kN	≥5.0	T 0709
残留稳定度	%	≥85	T 0709

试验项目	单位	技术要求	试验方法
冻融劈裂残留强度比(TSR)	%	≥80	T 0729
谢伦堡沥青析漏试验的结合料损失	%	≤0.8	T 0732
肯塔堡飞散试验的混合料损失	%	≤15	T 0733
浸水肯塔堡飞散试验的混合料损失	%	≤20	T 0733
车辙试验动稳定度	次/mm	≥6000	T 0719
低温弯曲试验破坏应变	με	≥2800	T 0715
渗水试验(车辙板)	ml/min	≥5000	《排水沥青路面设计与施工技术规范》(JTG/T 3350-03—2020)附录D

(7)沥青混合料试件的制作温度应按沥青的黏度-温度曲线执行,如缺乏黏温曲线数据,应按表10-12进行控制。

PA-13沥青混合料室内试验温度　　　　　表10-12

项目	温度(℃)
沥青加热温度	160~170
矿料加热温度(包括填料)	185~200
沥青混合料拌和温度	170~185
试模预热温度	120~130
开始击实温度	160~165
击实终了温度	145~155
析漏试验温度	185

(8)在各项指标均符合要求的情况下,出具配合比设计报告。

10.3.3　生产配合比设计

(1)按目标配合比确定的各冷料仓供料比例上料,从二次筛分后各热料仓取样进行筛分,根据热料仓筛分结果,按目标配合比确定的合成级配曲线,以冷料、热料供料大体均衡以及尽可能接近目标配合比级配为原则,确定各热料仓最终的配合比例。

(2)取目标配合比设计的最佳沥青用量、最佳沥青用量±0.3%三种沥青用量,按照推荐的材料添加顺序、温度和拌和时间参数进行试拌;对拌和楼试拌的混合料,按照表10-11所列项目进行试验。

(3)根据试验结果,选择各项指标满足表10-11的技术要求、与目标配合比体积指标接近、飞散指标较低的沥青用量为最佳沥青用量,确定热料仓的比例和生产配合比的最佳沥青用量,出具生产配合比的设计报告。

10.3.4　生产配合比验证

（1）按照确定的生产配合比铺筑试验段，试验段长度不少于300m。

（2）取现场拌和、摊铺的混合料进行各种性能试验，验证其是否满足设计要求及与目标配合比参数的一致性，根据抽提、筛分试验结果分析拌和楼对配合比控制的准确性。

（3）对铺筑的试验路段进行有关施工指标的测试，包括厚度、压实度、平整度、抗滑、空隙率和渗水系数等。检验排水沥青路面空隙率的均匀性。存在明显缺陷时，应找出原因，进行必要的工艺调整。

（4）根据试验段分析生产配合比的适用情况，确定施工机械的操作方式、工艺参数、顺序流程以及施工缝的处理方式等。

（5）试验段的质量检查频率应比正常施工时增加一倍。试铺结束后，施工单位应及时按照本指南附录A.2提交试铺段总结报告，经批准后作为大规模施工的依据。

10.4　排水沥青混合料施工

10.4.1　一般规定

（1）排水沥青路面施工应对全过程进行严格控制，保证混合料拌和、摊铺及压实的均匀性。

（2）路面附属工程、路基防护排水工程、绿化工程等施工宜在排水沥青路面施工前完成，以防污染排水沥青路面。

（3）不得在雨、雪天气及地表平均温度低于10℃时施工。

10.4.2　施工准备

（1）沥青在储运、使用及存放过程中应有良好的防水措施并应定时进行搅拌，宜采用自动控制装置。

（2）排水沥青路面的混合料添加剂材料应注意防水、防潮保管。排水沥青混合料集料存储场地应硬化且必须搭棚防水、防扬尘。

（3）施工前应对沥青拌和楼、摊铺机、压路机等各种施工机械和设备进行调试，对机械设备的配套情况、技术性能、传感器计量精度等进行认真检查、标定。

（4）拌和机二级除尘的回收粉严禁使用且应采用防污染措施管理。

10.4.3　排水沥青混合料的拌和

（1）高黏度改性剂投放方式宜采用颗粒送风机自动投放，实现与拌和楼控制系统的联动。在混合料拌和过程中,按照风速控制流量,将高黏度改性剂风送到拌和锅投放口储料斗,在热集料下卸时自动投入。

(2)如不具备条件,也可采用人工投放。在拌和前先按照拌和楼每锅沥青重量与设计用量计算出每锅需要投放的高黏度改性剂重量,分装成小包装码放,包装袋应能在拌和锅中即时熔化且无残留物。拌和时,采取一锅一投的方式,在热集料下卸入拌和锅瞬间投入至投放孔。人工投放应根据现场情况采取鸣笛、视频监控等预防措施确保拌和时不发生漏投、多投、错投、投放时间错乱等问题。此外,应对投放人员采取必要的安全保护措施。

(3)拌和楼沥青用量添加精度应能控制在±0.1%范围之内,高黏度沥青添加剂精度在±1%范围之内。

(4)排水沥青混合料拌和设备应采用间隙式沥青混合料拌和机,型号不低于4000型。全部生产过程应由计算机自动控制,并配有良好的逐盘打印装置。

(5)通过试拌确定混合料每缸拌和量和拌缸容积的关系,保证拌和的均匀性。

(6)排水性沥青混合料生产温度宜按照表10-13控制,出料温度低于下限值165℃或高于上限值195℃的沥青混合料必须废弃处理。

排水性沥青混合料生产温度控制(单位:℃)　　　　表10-13

控温工序	温度最佳控制范围	测量部位
沥青加热温度	160~170	沥青加热罐
矿料温度	185~200	热料提升斗
混合料出厂温度	170~185	运料车
混合料废弃温度	低于下限值(160)或高于上限值(195)	
混合料运输到现场温度	不低于170	
摊铺温度	不低于165	摊铺机
初压温度(钢轮4~5遍)	不低于155	摊铺层内部
复压温度(胶轮1~2遍)	80~100	碾压层内部
终压温度(钢轮收面1遍)	不高于60	碾压层表面

(7)采用间歇式拌和机拌和,排水沥青混合料拌和工艺为:"集料+纤维"干拌10~15s,随后投放"SBS改性沥青+高黏改性剂"拌和10~15s,随后投放矿粉拌和35s,整个循环周期一般为60~65s,可根据实际拌和效果,适当调整顺序和时间。

10.4.4　排水沥青混合料的运输

PA-13排水沥青混合料运输按照本指南9.4.3小节有关规定执行。

10.4.5　排水沥青混合料的摊铺

(1)排水沥青混合料摊铺宜采用一台摊铺机全幅摊铺。据试验段铺筑明确摊铺机夯锤和振动设置参数;排水沥青路面履带式摊铺机、受料斗和螺旋等部位宜喷洒无腐蚀性油性隔离剂;摊铺机横向螺旋前端加装防滚落粗集料挡板。

(2)摊铺前应根据松铺厚度、纵横坡度调整好摊铺机。摊铺机开始摊铺前必须对熨平板预热至110℃以上,摊铺过程中必须开动熨平板的振动捶击等夯实装置。夯锤振动频率宜开至85%以上,松铺系数宜控制在1.2~1.25之间。

(3)加宽路段采用联合摊铺方式时,两台摊铺机前后行走间距为5~10m,搭接宽度控制在5~10cm之间。正式摊铺后,每10m必须检查两台摊铺机对接横坡。接缝位置必须避开车道轮迹带。

(4)摊铺速度应与拌和机供料速度协调,摊铺机必须缓慢均匀、连续不间断地摊铺,不得随意变换速度或中途停顿,以提高平整度,减少混合料离析。摊铺速度宜控制在2~2.5m/min范围内,弯道及桥梁等特殊路段降低至1~2m/min。

(5)采用非接触式平衡梁对摊铺平整度进行控制,平衡梁长度不小于16m。

(6)平曲线半径过小的匝道可采用小型摊铺机摊铺。在路面狭窄部分、中央分隔带开口可用人工与半幅路面一起摊铺。

(7)摊铺过程中要派人在摊铺机后巡查,如果有局部油斑、离析、波浪、裂缝等异常现象要及时分析原因,采取措施人工清除,用热料换补,一起碾压。

(8)路缘石、中沟、集水井、护栏等其他结构物的接触面上应均匀涂刷改性乳化沥青,然后才能紧靠着这些接触面摊铺沥青混合料。

(9)用机械摊铺的混合料,不应人工反复修整。当出现下列情况时,可用人工局部找补或更换混合料:

①横断面不符合要求。

②构造物接头部位缺料。

③摊铺带边缘局部缺料。

④表面明显不平整。

⑤局部混合料明显离析。

⑥摊铺机后有明显的拖痕。

人工找补或更换混合料应在现场管理人员指导下进行。缺陷较严重时,应予铲除,并调整摊铺机或改进摊铺工艺。当属由机械原因引起的严重缺陷时,应立即停止摊铺。

10.4.6 排水沥青混合料的压实及成型

(1)排水沥青混合料碾压,应具备6台10~13t双钢轮压路机和2台26t胶轮压路机。

(2)压实按初压、复压、终压3个阶段进行。压路机从外侧向中心碾压,由低处向高处碾压,轮迹始终与路基中线平行,相邻碾压带重叠5~10cm轮宽。

（3）初压应在混合料摊铺后紧跟进行，压实温度不低于155℃，不得产生推移、开裂，初压为静压4遍。初压后观察平整度、路拱，发现问题及时作适当调整。

（4）复压采用胶轮压路机压实1~2遍。为防止较高温度下胶轮压路机粘轮，宜采用油性隔离剂自动喷淋装置。

（5）终压采用双钢轮压路机静压收光1~2遍，至无轮迹印。

（6）对于应急车道，为达到较高的排水效率，可省略胶轮碾压，采用双钢轮初压4遍+双钢轮收面1~2遍的碾压方式。

（7）特殊路段的碾压是指小半径弯道、交叉口、路边、陡坡等处的压实作业。

①弯道或交叉口的碾压。在弯道或交叉口的碾压，应先用铰接转向式压路机作业，从弯道内侧或弯道较低一边开始碾压（以利于形成支承边）。对急弯应尽可能采取直线式碾压（即缺角式碾压），并逐一转换压道，对缺角处用小型机具压实。压实中应注意转向同速度相吻合，尽可能用振动，以减少剪切力。

②路边碾压。压路机在没有支承边的厚层上碾压时，可在离边缘30~40cm（层厚较薄时，预留20cm）处开始碾压作业。这样就能在路边压实前形成一条支承侧面，以减少沥青混合料碾压时出现塌边现象。在接下来碾压留下的未压部分时，压路机每次只能向自由边缘方向推进10cm。

③陡坡碾压。在陡坡碾压时，压路机的很大部分作用力将向下坡方向，因而增加了混合料顺坡下移的趋势。为抵消这种趋势，除了下承层表面必须清洁、干燥、喷洒黏层沥青外，压实时应注意，先采用轻型压路机预压（轮胎压路机不宜用作预压）。无论是上坡还是下坡，压路机的从动轮始终朝着摊铺机方向，即从动轮在前，驱动轮在后（与一般路段碾压时相反）。这样做，从动轮起到了预压作用，从而使沥青混合料能够承受驱动轮产生的剪切力。陡坡碾压中，压路机的起动、停止、变速要平稳，避免速度过高或过低，混合料温度不宜过高。

（8）压实及成型的注意事项如下：

①压路机行驶速度保持均匀一致。压路机不得在未碾压成型的混合料和刚碾压成型的路面上转向，也不得停留在高于80℃且已压实成型的路面上。压路机在操作或静止时，应采取有效措施防止油料、润滑脂或其他杂质落于路面。

②钢轮过压造成排水沥青粗集料表面沥青膜损伤，当天应采用水性环氧沥青或者改性乳化沥青洒布0.10~0.15kg/m²（纯沥青）补强1~2遍。

③碾压时应将驱动轮面向摊铺机。碾压路线及碾压方向不应突然改变而导致混合料产生推移。压路机起动、停止必须减速缓慢进行。

④压路机每次应由两端折回的位置呈阶梯形地随摊铺机向前推进，使折回处不在同一横断面上。在摊铺机连续摊铺的过程中，压路机不得随意停顿。

⑤对压路机无法压实的桥梁、挡土墙等构造物接头、拐弯死角、加宽部分及某些路边缘等局部地区,应采用小型压路机或振动夯板进行压实。对雨水井与各种检查井的边缘还应用人工夯锤等进行补充夯实。

⑥要对初压、复压、终压段落设置明显标志,便于压路机机手及现场管理人员辨认。对松铺厚度、碾压顺序、压路机组合、碾压遍数、碾压速度及碾压温度应设专岗管理和检查,做到既不漏压也不超压。

10.4.7 接缝施工

排水沥青路面施工接缝处理按照本指南9.4.6小节有关规定执行。

10.4.8 交通管制

排水沥青路面交通管制按照本指南9.4.7小节有关规定执行。

10.5 施工质量控制和检查验收

10.5.1 一般规定

(1)排水沥青路面施工应采用动态质量管理,强化事前和过程控制。

(2)应引入信息化手段进行关键施工指标及过程的自动采集和记录。

(3)质量检验和管理的原始记录、试验检测及计算数据、汇总表格,必须如实记录和保存,严禁编造、随意修改质量管理的原始记录和数据。

10.5.2 施工前材料与设备检查

(1)对于拟定使用的各种材料必须提前检查来源和质量。对于沥青、集料等重要材料,供货单位必须提交最新的检测试验报告。对使用的集料,宜检查生产单位的生产条件、加工机械、覆盖层的清理情况。

(2)集料质量应从源头抓起,派专人进驻集料加工现场,进行抽检试验,对不合格的集料不得装车。在材料进场期间,按表10-14规定的检验项目和频率取样检测,质量合格后方可同意进场,否则不得进场。

材料进场质量检查项目与频度 表10-14

材料	进场时检验项目	批次检查项目/频率
粗集料	(1)目测母材洁净程度; (2)目测软弱颗粒是否超标; (3)目测针片状; (4)粒径规格是否变异	每批不大于3000t全套检测

续上表

材料	进场时检验项目	批次检查项目/频率
细集料	(1)目测洁净程度； (2)目测0.075mm含粉是否超标	每批不大于2000t/全套检测
填料	(1)细度； (2)加热安定性； (3)亲水系数	每批不大于1000t/全套检测
改性沥青	(1)针入度； (2)软化点； (3)延度(5℃)； (4)残留延度(5℃)； (5)布氏黏度(135℃)	每批不大于1000t/全套检测
高黏度改性沥青	(1)针入度； (2)软化点； (3)延度(5℃)； (4)残留延度(5℃)； (5)布氏黏度(135℃)； (6)动力黏度(60℃)	每批不大于1000t/全套检测
高黏度改性剂	—	每批不大于20t/全套检测
纤维稳定剂	—	每批不大于20t/全套检测
改性乳化沥青	(1)蒸发残留物含量； (2)蒸发残留物针入度； (3)蒸发残留物软化点； (4)蒸发残留物的延度	每批不大于1000t/全套检测

(3)进场的各种材料的来源、品种、规格型号、质量应与拟定的材料及样品一致，不得擅自变更的来源、品种、规格型号。

(4)施工前应对沥青拌和楼、摊铺机、压路机等各种施工机械和设备进行调试，对机械设备的配套情况、技术性能、传感器计量精度等进行认真检查、标定，并得到驻地监理工程师的认可。

(5)正式开工前，各种原材料的试验结果、目标配合比设计和生产配合比设计结果，应在路面技术咨询单位优化设计后，在中心试验室、驻地监理单位平行验证，审批后方可使用。

10.5.3 施工过程中质量管理与检测

(1)排水沥青混合料各材料进场和生产过程中，必须按表10-15规定的检查项目与频率，对各种原材料进行抽样试验，其质量应符合本指南规定的技术要求。

原材料的检查项目与频率　　　　　　　　　　表 10-15

材料	检查项目	检查频率	试验规程规定的平行试验次数或一次试验的试样数
粗集料	外观(石料品种、含泥量等)	随时	—
	针片状颗粒含量	随时	2~3
	颗粒组成(筛分)	必要时	2
	压碎值	必要时	2
	磨光值	必要时	4
	洛杉矶磨耗值含水率	必要时	2
	软石含量	每天1次	2
	高温压碎值	每天1次	2
	表观相对密度	每天1次	2
	毛体积相对密度	每天1次	2
细集料	颗粒组成(筛分)	随时	2
	砂当量	必要时	2
	含水率	必要时	2
	松方单位重	必要时	2
	亚甲蓝值	每天1次	2
填料	外观	随时	—
	粒径<0.075mm含量	必要时	2
	含水率	必要时	2
	加热安定性	每天1次	2
	粒度范围	每天1次	2
改性沥青	针入度	每天1次	3
	软化点	每天1次	2
	离析试验(对成品改性沥青)	每周1次	2
	低温延度	必要时	3
	弹性恢复	必要时	3
	显微镜观察(对现场改性沥青)	随时	—
高黏度改性沥青	针入度	每天1次	2
	软化点($T_{R\&B}$)	每天1次	2
	延度(5℃,5cm/min)	每天1次	2
	溶解度	每天1次	2
	布氏黏度(170℃)	每天1次	2
	动力黏度	每天1次	2
	残留延度(5℃)	每天1次	2
高黏度改性剂	单粒颗粒质量	每批次1次	2
	熔融指数	每批次1次	2
改性乳化沥青	蒸发残留物含量	每2~3天1次	2
	蒸发残留物针入度	每2~3天1次	3
	蒸发残留物软化点	每2~3天1次	2
	蒸发残留物的延度	必要时	3

注:"随时"是指需要经常检查的项目,其检查频率可根据材料来源及质量波动情况由路面技术咨询单位、中心试验室及驻地监理确定;"必要时"是指施工各方任何一个部门对其质量发生怀疑,提出需要检查时,或是根据需要商定的检查频度。

（2）排水沥青生产过程中,质量检查的内容、频率、允许差应符合表10-16的规定。

排水沥青混合料生产检测项目、频率与质量标准　　表10-16

检验项目	频率	质量标准	试验方法
外观	随时	均匀、无花白料、无析漏	目测
成品温度	每车1次	170~185℃	T 0981—2008
高黏添加剂量	每天开工前两次试验	设计值±1%	—
	每天或每台班总量检验	设计值±0.5%	—
级配	每日2次	0.075mm:±1.5%	T 0725—2000抽提筛分与标准级配比较的差
		2.36mm:±2%	
		4.75mm:±3%	
		≥9.5mm:±4%	
沥青用量	每日2次	设计值±0.2%	T 0725—2000
析漏	每日1次	≤0.8%	T 0732—2010
马歇尔试验	每日2次	≥5.0kN	T 0709—2010
空隙率	每日2次	设计值±2%	T 0707—2010中的真空密封法
浸水残留稳定度	每2日1次	≥85%	T 0729—2010
车辙试验	每2日1次	≥6000次/mm	T 0719—2010
标准飞散损失	每2日1次	≤15%	T 0733—2010
理论最大密度	每2日1次	设计值±0.008g/cm³	T 0710—2010计算法与实测法比较的差
热料仓筛分结果	每2日1次	实际测定	—
总量检验	每1日1次	油石比±0.1%	JTG F40—2004附录F总量检验

注:1.拌和楼要及时打印每盘料及其总量的数据,辅助进行沥青用量和级配组成检验。

2.超温的沥青混合料必须废弃,并予以书面记录。

3.排水沥青混合料密度、空隙率测试宜优先选择真空密封法。

（3）排水沥青混合料生产过程中现场人员应随时巡查其沥青拌和站生产情况,对拌和站拌和时间、拌和温度、出场温度、配合比情况进行监控;同时对施工现场到场温度、摊铺、碾压温度、松铺厚度、离析情况进行监控。

（4）排水沥青路面铺筑过程中必须随时对铺筑质量进行评定,质量检查的内容、频率、允许差应符合表10-17的规定。

排水沥青混合料施工过程中检测项目、频率与质量标准　　表10-17

项目	频率	质量标准	试验方法
外观	随时	表面平整密实,不得有明显轮迹、裂缝、推移、油汀、油包等缺陷,且无明显坑槽	目测
接缝	随时	紧密平整、顺直无跳车	目测

续上表

项目		频率	质量标准		试验方法
接缝		逐条检测评定	3mm		T 0931
施工温度	摊铺温度	逐车检测评定	符合本指南要求		T 0981
	碾压温度	随时	符合本指南要求		T 0981
松铺厚度		随时	设计值的-1%~10%		施工时采用插入法量测松铺厚度
压实厚度		每2000m²一点评定	设计值的-10%		T 0924
压实度		每2000m²检查1组逐个试件评定并计算平均值	试验室标准密度的98%		T 0922
平整度		连续测定	0.8		T 0932
宽度	有侧石	检测每个断面	±20mm		T 0910
	无侧石	检测每个断面	不小于设计宽度		
纵断面高程		检测每个断面	±10mm		T 0910
横坡度		检测每个断面	±0.3%		T 0910
渗水系数		每千米不少于5点,每点3处平均值	≥5000mL/min,合格率不小于90%。		T 0971
空隙率		每2000m²检查1组逐个试件评定并计算平均值	设计值±3%,合格率不小于90%		T 0707中的真空密封法
摆值(BPN)		每200m测1处	潮湿区	≥45	T 0964

注:1.内部温度测试以玻璃温度计和热电偶温度计插入混合料内部测试为准,表面温度测量可使用红外测温仪,有条件时使用红外热像仪。

2.压实度测量时必须将钻孔取芯的芯样彻底干燥,可使用专用的真空干燥烘箱。

3.渗水系数试验和试验设备要求不得使用用于密级配沥青路面测试的试验设备。

4.施工期间的排水沥青路面摩擦因数可采用摆值或动态摩擦因数DF值。

10.5.4　交工与验收标准

排水沥青面层在交工阶段的各项质量标准、试样方法和频率应符合表10-18的规定。渗水系数合格率要求不小于90%,空隙率合格率要求不小于85%。

排水沥青路面交工检查项目与质量标准　　　　　表10-18

检查项目		质量标准	试验方法和频率
压实度		试验室标准密度的98%	按《公路工程质量检验评定标准　第一册　土建工程》(JTG F80/1—2017)附录B检查,每200m测1处
空隙率		设计值±3%	T 0707—2010中的真空密封法
平整度	总和	1.2mm	平整度仪:全线每车道连续按每100m计算IRI或标准差σ
	国际平整度指数(IRI)	2.0m/km	
渗水系数		≥4500mL/min	渗水试验仪:每200m测1处

检查项目		质量标准		试验方法和频率
抗滑	摆式摩擦因数（BPN）	符合设计对交工验收的要求		摆式仪：每200m测1处
	横向力摩擦因数			横向力系数测定车：全线连续，按照JTG F80/1—2017附录K评定
厚度	代表值	总厚度：-5%H（H为总厚度设计值）		按照JTG F80/1—2017附录H评定
		上面层：-10%h（h为上面层厚度设计值）		
	合格值	总厚度：-10%H（H为总厚度设计值）		
		上面层：-20%h（h为上面层厚度设计值）		
中线偏位		±20mm		经纬仪：每200m测4点
纵断面高程		±15mm		水准仪：每200m测4断面
宽度（mm）		有侧石	±20	尺量：每200测4个断面
		无侧石	不小于设计值	
横坡（%）		±0.3		水准仪：每200m测2个断面

11 改性聚氨酯钢桥面铺装

11.1 原材料

11.1.1 原材料的包装与存储

为确保ECO改性聚氨酯施工质量,需要严格控制集料含水率。应采取以下包装和存储措施(图11-1):

(1)集料包装与存储:使用吨袋包装集料,并内附塑料薄膜,有效防止水分渗透。施工现场堆放时,使用下垫托盘,并覆盖两层雨布,用绳子捆绑,以隔离地面潮气和雨水,确保集料干燥。

(2)胶料包装及存储:胶料使用吨桶包装。

图11-1 原材料包装与存储

11.1.2 ECO改性聚氨酯黏结剂工作性要求

采用反应性聚氨酯材料作为黏结剂,这层黏结材料能够和主结构层进一步反应,将改性聚氨酯混凝土与基层黏结成为整体,同时,改性聚氨酯混凝土的结合料采用多组热固性高分子材料,并加入特殊组分,无机集料和有机结合料之间以化学键连接,提高了整体结合强度。因此,改性聚氨酯混合料必须与混合料同步施工,在黏结层未胶化之前铺设。为达到上述要求,改性聚氨酯黏结剂工作性能应满足表11-1所列的技术要求。

ECO改性聚氨酯黏结剂工作性能要求 　　　　　　　　　　　　　　表11-1

试验项目	单位	要求	试验方法
表干时间	min	＞360	GB/T 16777
吸水率	%	≤0.3	GB/T 1034
不透水性(0.3MPa,24h)	—	不透水	GB/T 16777
黏结强度(ECO混合料、ECO黏结剂与钢板的整体黏结强度,25℃)	MPa	≥5.0	JTG/T 3364-02

11.1.3　ECO改性聚氨酯结合料技术要求

ECO改性聚氨酯结合料技术要求如表11-2所示。

ECO改性聚氨酯结合料的技术指标 　　　　　　　　　　　　　　表11-2

试验项目	单位	技术要求	测试方法
拉伸强度(25℃)	MPa	≥10	GB/T 1040
断裂伸长率(25℃)	%	≥25	GB/T 1040
热固性(300℃)	—	不熔化	GB/T 30598
吸水率	%	≤0.3	GB/T 1034

11.1.4　ECO改性聚氨酯混合料用集料

(1)ECO改性聚氨酯混凝土集料采用天然砾石、天然河砂。集料的公称粒径为0.075~9.5mm。集料经水洗、风干后用塑料袋密封包装,保持洁净、干燥、无杂质。集料组合后的级配应符合表要求,其技术指标要求如表11-3所示。

ECO改性聚氨酯混凝土集料级配的技术指标 　　　　　　　　　　表11-3

筛孔(mm)	9.5	4.75	2.36	0.6	0.3	0.15	0.075
通过率(%)	100	60~88	41~72	15~50	6~22	3~10	0~6

(2)粗集料的粒径范围为4.75~9.5mm,其技术要求如表11-4所示。

ECO改性聚氨酯混合料用粗集料技术指标 　　　　　　　　　　　表11-4

指标	单位	技术要求	试验方法
表观相对密度	g/cm³	≥2.4	T 0304
吸水率	%	≤2.0	T 0304
含水率	%	≤0.3	T 0305

指标	单位	技术要求	试验方法
坚固性	%	≤12	T 0340
压碎值	%	≤20	T 0316
泥土杂物含量（冲洗法）	%	≤3.0	T 0310
针片状颗粒含量	%	≤5.0	T 0312
洛杉矶磨耗值	%	≤26.0	T 0317

（3）细集料的粒径范围为0.075~4.75mm，其技术要求如表11-5所示。

ECO改性聚氨酯混合料用细集料技术指标　　　　　表11-5

指标	单位	技术要求	试验方法
表观相对密度	g/cm³	≥2.4	T 0304
吸水率	%	≤2.0	T 0304
含水率	%	≤0.3	T 0305
坚固性（粒径大于0.3mm）	%	≤12	T 0340

（4）撒布碎石应洁净、干燥，技术要求如表11-6所示。

撒布碎石技术指标　　　　　表11-6

指标	单位	技术要求	试验方法
含水率	%	≤0.3	T 0305
坚固性	%	≤12	T 0340
含泥量	%	≤3.0	T 0333

11.2　ECO混合料配合比设计

根据ECO规定的材料指标要求，选取4.75~9.5mm、2.36~4.75mm、2.36mm以下3档集料粒径，确定合理的集料配合比例、胶剂量。试验步骤如下：

（1）选择满足级配设计的材料组成，分别将不同规格的粗细集料配置成同一种混合料样品。

（2）按不同胶剂量（一般选用4~5个间隔0.5%的胶剂量）制备至少5组混合料，采用拌和成型试件，确定每组混合料的最佳用胶量。

（3）制备正方形混合料试件，在标准条件下养护6d后，做抗压强度试验。

（4）取符合强度要求的最佳配合比作为ECO的生产配合比。

11.3 ECO改性聚氨酯混合料性能技术指标

改性聚氨酯混合料是通过在集料中加入特殊组分,在有机胶料与无机集料和基质之间形成化学键,提高力学强度,采用密集级配设计,使胶石比达到15%以上。为满足使用要求,改性聚氨酯混合料抗压强度须在30MPa以上,并具有优异的防水防腐性能,氯离子透过率几乎为零,防水等级为最高级P12级。为保证层间结合,改性聚氨酯混合料须具有优异的黏结强度,常温下不低于5MPa,高温下不低于3MPa。为满足使用要求,混合料须满足表11-7的技术要求。

ECO改性聚氨酯混合料质量技术指标   表11-7

技术指标	单位	技术要求	试验方法
抗压强度 (150mm×150mm×150mm试件,25℃)	MPa	≥30.0	GB/T 50081—2019
黏结强度(25℃) (混合料、黏结剂与钢板构的整体黏结强度)	MPa	≥5.0	拉伸试验
黏结强度(70℃) (混合料、黏结剂与钢板构的整体黏结强度)	MPa	≥3.0	拉伸试验
胶石比	%	15~17	—
弹性模量	MPa	≥10000	三点弯曲试验
动稳定度(90℃)	次/mm	≥12000	T 0719
耐磨性	kg/m²	≤0.5	T 0567 JTG 3420—2020
抗氯离子渗透性能	m/s	≤0.2×10⁻¹²	T 0579 JTG 3420—2020

11.4 钢桥面工程的典型结构组合

本工程钢桥面铺装体系采用多层复合结构设计,遵循"刚柔并济、界面协同"的技术理念,结合重载交通与复杂气候环境需求,形成以下典型组合:

面层采用60mm厚高黏高弹性改性沥青SMA-13,通过骨架密实结构实现抗车辙与抗滑性能双重提升;黏层选用中面层特种黏结材料(0.8~1.0kg/m²),确保沥青层与功能层间剪切强度不小于0.8MPa;下层设置20mm厚ECO改性聚氨酯混凝土,兼具高孔隙排水(18%~25%)与弹性承载特性;防水黏结层采用ECO改性聚氨酯材料(0.15~0.3kg/m²),形成柔性防水膜并协调钢-混凝土界面变形;基层处理对桥面钢板执行抛丸除锈(Sa2.5级清洁度)与粗糙度控制(60~100μm),为层间体系提供稳定锚固基底。

该结构组合已通过现行《公路钢桥面铺装设计与施工技术规范》(JTG/T 3364-02)验证,可满足设计使用年限内抗疲劳、抗剥离及环境耐久性要求。钢桥面铺装结构图如图11-2所示。

面层	60mm高黏高弹改性沥青SMA-13
黏层	中面层黏结材料，用量0.8~1kg/m²
下层	20mmECO改性聚氨酯混凝土
防水黏结层	ECO改性聚氨酯黏结剂，用量0.15~0.3kg/m²
桥面钢板	抛丸除锈，清洁度Sa2.5级、粗糙度60~100μm

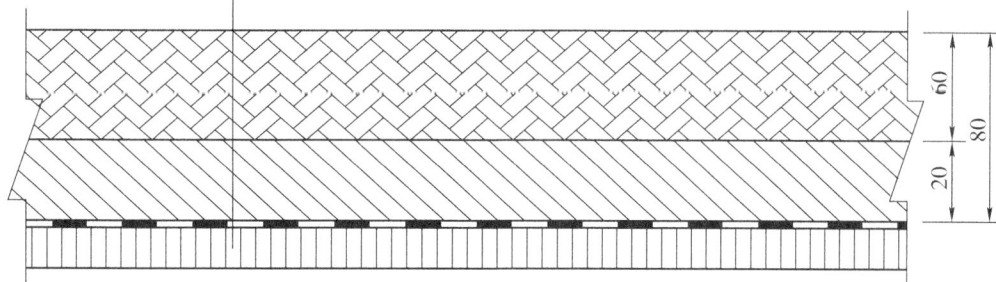

图11-2　铺装结构图(尺寸单位:mm)

11.5　施工设备要求

11.5.1　施工设备要求

(1)采用专用聚氨酯搅拌车与改性聚氨酯摊铺机施工,无须设立搅拌站;可在现场进行现场常温拌和与摊铺,并保证连续搅拌出料;随后采用振荡捣平、提浆的施工工艺而非传统的碾压方式。

11.5.2　施工效率要求

(1)为保证快速交付,改性聚氨酯混合料须在施工后2h固化,强度满足通车或下道工序施工要求。

(2)改性聚氨酯结合料推荐用量为矿料质量的15%～17%,确保胶料充足以便碎石充分嵌入改性聚氨酯结合料。

(3)为保证工期,应采用高质高效的大型施工设备,每日工效达2000m²以上。

11.5.3　主要机械设备

(1)改性聚氨酯钢桥面施工应至少配备表11-8所列的主要机械设备。

主要机械设备表　　　　　　　　表11-8

序号	设备名称	规格型号	推荐数量(台)
1	车载式抛丸机	2-4800DH	1
2	手持式抛光机	s1m-ff03	2
3	ECO专用搅拌车	AGR3	3

序号	设备名称	规格型号	推荐数量(台)
4	ECO专用摊铺机	ATB	1
5	覆膜机	FMJ-001	1
6	ECO碎石撒布机	T2S-8	1
7	叉车	HL-20(5T)	3

11.6 钢桥面改性聚氨酯铺装施工

11.6.1 施工流程

(1)铺装施工顺序为:施工准备—抛丸除锈—涂刷ECO改性聚氨酯黏结剂—ECO改性聚氨酯混凝土施工—表面处理—验收。

(2)钢桥面铺装施工工艺流程如图11-3所示。

图11-3 钢桥面铺装施工工艺流程

11.6.2 施工准备

(1)钢桥面检查。铺装施工前应检查钢桥面板状况,主要包括检查钢桥面板表面平整度,检查焊渣焊缝、锈渍附着物等,并对不符合设计及规范要求的地方采取相应的整改措施。

(2)人机料准备。铺装施工前人员、机械设备、原材料等各相关流程应已完成审批,相关人员应已到位,机械设备齐全且检查合格,原材料已完成前期检测工作并已根据施工工程量到位。

11.6.3 抛丸除锈

(1)正式施工前,应根据现场实际情况选择试验段。

采用车载式抛丸机与手持式抛丸机相结合,分别用不同的钢砂组成、不同工艺进行抛丸除锈处理,及时检查钢板清洁度和粗糙度,通过试验段确定丸料规格组合、丸料流量、设备行走速度等相关参数,以保证抛丸除锈后的清洁度达到Sa2.5级,粗糙度达到60~100μm。

(2)抛丸施工准备。

①抛丸前,应首先检查钢桥面板的外观,确保表面无焊瘤、飞溅物、针孔、飞边和毛刺等,否则必须通过打磨加以清除,锋利的边角必须处理到半径2mm以上的圆角。

②用清洁剂或溶剂清洗钢桥面板表面的油、油脂、盐分及其他脏物。

(3)施工注意事项。

①通过抛丸机让具有一定能量的高强度钢砂以一定的速度喷射到钢桥面表面上,使抛丸处理后的表面粗糙均匀。

②抛丸过程应连续作业(图11-4),如因特殊原因造成抛丸停机,在下次重抛之前将机器倒退30cm左右,再重新开始抛丸,待机器行走过去后,应及时检查搭接区域抛丸质量,如有遗漏再进行补抛。

图11-4 抛丸除锈作业图

③桥面、护栏根部局部,可使用角磨机,不得出现明显凹凸沟痕,要做到棱直面平,确保防水层有效黏结。

(4)施工工艺。

①抛丸处理前应先将工作面上的油污障碍物等清除掉,并清洗干净,以便快速施工。

②先开启吸尘装置,再进行抛丸操作,当抛丸结束时,要先停止抛丸运行等吸尘工作完成后再关掉吸尘器运行,确保设备安全运行;抛丸机现场进行试抛,同时检验露骨率和表面粗糙度,根据结果,合理调整钢丸的大小和形状、设备的行走速度、钢丸抛射流量3个关键参数。

③当抛丸开始时,要先启动行走装置再缓慢打开加丸阀门,作业结束时先关闭加砂阀门后再停止行走,避免损坏设备和工作面;正式进行桥面抛丸作业,及时回收抛丸机溢出的钢丸,作业中需注意下列几点:每天检查易损件磨损情况;在两次抛丸接缝处设置一定的搭接长度,保证抛丸面达到100%覆盖。

④调整抛丸机的行走速度和丸料的流量以实现不同的抛丸效果,经抛丸处理后的施工面残留的边角部位用小型清扫机补清即可。

⑤废料清理,在回收粉尘时,注意及时清理除尘器内灰斗的积灰,回收粉尘应集中运到卸料点处理;安排专人紧跟抛丸机回收钢丸,重复利用;及时对抛丸效果进行验收。

⑥抛丸处理施工结束后,应及时进行下一道工序防水施工,避免处理后的表面外露时间过长造成二次污染。

11.6.4　涂刷 ECO 改性聚氨酯黏结剂

采用人工涂布改性聚氨酯黏结剂,通过试验段确定喷涂速度、与钢桥面黏结程度、材料用量等相关参数。

(1)在抛丸除锈后完成桥面上防水黏结层施工。作业前确保防水黏结层涂布作业面清洁、干燥、无浮锈、无尘埃。

(2)为了防止黏结材料在运输、储存过程中出现分层、沉淀现象对施工质量造成影响,黏结材料应在涂布前搅拌均匀。

(3)搅拌均匀的黏结材料,宜在10min内沿摊铺方向完成施工区域的涂布。

(4)黏结材料施工采用人工涂布方式,要涂布均匀、无堆积、无流滴,涂布用量宜为 $0.15\sim0.3kg/m^2$(具体用量通过试验段确定)。涂布作业的操作人员应穿戴防护衣、口罩等个人防护用品。

(5)为保证涂布质量,改性聚氨酯黏结材料涂布应与改性聚氨酯混合料摊铺同步进行,黏结材料已干区域应重新补刷。

(6)黏结材料涂刷区域应做好防护措施。进入已涂刷区域时,工作人员应穿着洁净的胶鞋,车载式搅拌设备及其他机械的轮胎应经过清理。

11.6.5　ECO 改性聚氨酯混凝土施工

(1)正式施工前进行改性聚氨酯摊铺试验段。通过试验段确定摊铺的操作方式、摊铺温度、摊铺速度、摊铺宽度、自动找平方式、施工缝的处理方法、施工进度、作业长度、拌和机的上料速度、拌和数量、拌和时间、生产能力等相关参数。

(2)施工准备。

①专人检查各机械设备如搅拌车、摊铺机等正常运行状况,检查完毕后,调试设备,确保机械能够正常工作。

②混合料生产配合比已通过验证,符合要求。

③确定施工组员划分及现场施工范围布置。

(3)ECO改性聚氨酯混合料拌和。

①改性聚氨酯混合料采用车载式搅拌设备现场常温拌和生产,车载式搅拌设备数量宜为2台及以上,确保摊铺连续作业。

②拌和前,应检查搅拌设备的运行状态,根据试验段确定的搅拌设备参数,合理调试设备并试拌和,搅拌时间不宜短于5s。

③拌和过程中随时对出料进行抽样检查,出料应均匀稳定、不离析。

④根据试验段确定的搅拌设备参数,合理调试设备并试拌和,搅拌设备的速率为80~160r/min,搅拌时间不短于5s,铺装厚度为30mm,必须使集料颗粒全部裹覆改性聚氨酯结合料,并以混合料拌和均匀为宜。

(4)ECO改性聚氨酯混合料摊铺。

在防水黏结层未胶化之前进行摊铺工作,主要摊铺过程如下:

①搅拌车和摊铺机在摊铺启摊位置就位,搅拌车出料口与摊铺机接料斗位置进行衔接,现场专人察看验证混合料合适性,由摊铺组长、搅拌车操作手、现场施工负责人共同查看混合料的胶石比,从混合料和易性或少许拍打后是否有"釉"析出,各项都符合预定值则拌和出料摊铺。

②安装摊铺机铝制找平梁,对摊铺厚度进行设置,调节所需摊铺厚度,挂上自动找平铝制梁,专设4人调节4个液压升降转置,控制底部振动整平板的高度,使振动整平板距离桥面的高度为铺装厚度。打开自动控制系统,摊铺过程中,摊铺机会根据特定长度范围内行走基面平均高度自动调节摊铺厚度,以确保摊铺厚度。

③搅拌车开始出料,摊铺机开始摊铺,由专设4人对铺装层边角及搭接处进行处理,保证密实,接缝平顺。

④摊铺方向为纵向面从低往高进行。

⑤摊铺后立即在摊铺段进行专人平板推行,保证摊铺层表面主胶的均匀分布。

⑥施工交界面处理:尽量避免设置施工缝,如因故停工或第二天继续施工时,横断面需要整理处理成45°斜坡,人工修边时用抹刀从上到下抹成斜坡,抹的过程中应有一定力度,把斜坡压实,力度过小易造成混合料松散,影响强度、力度过大或发力方向不对,易影响整体平整度。后次施工须在前次施工交界面上涂刷防水黏结层,增强两个界面的黏结强度,涂刷防水黏结层后方可在交界面上继续摊铺(图11-5)。

(5)养护。

①改性聚氨酯混合料摊铺完成后,根据环境温度进行自然养护,养护时间不少于4h。

②严禁踩踏未凝固的改性聚氨酯混凝土上表面。做好施工区域清理工作,防止树叶等

杂物落于未凝固的铺装层。

图11-5 ECO改性聚氨酯摊铺

11.6.6 表面处理

(1)采用小型机械及人工配合撒布碎石,撒布量不宜少于2kg/m²,采用单位量纸检测撒布量。

(2)撒布过程中禁止一切人员进入,对于机械未撒布均匀部位,进行人工补撒。

(3)施工完成后,设立路锥、标线、警示牌等明显标志,并安排专人在重点部位,防止无关人群进入施工区域。

(4)严禁任何人踩踏未凝固的ECO改性聚氨酯混凝土上表面。做好施工区域清理工作,防止树叶等杂物落于未凝固的铺装层。

(5)养护时间不宜少于2h,其间注意成品保护,避免踩踏、污染。

(6)养护结束后清扫多余的碎石。

11.7 验收标准

11.7.1 成型后ECO改性聚氨酯混凝土面层

为保证改性聚氨酯质量,混合料表面应加铺玻璃纤维布,且成型后的改性聚氨酯混凝土面层实测项目应按表11-9执行。

成型后ECO改性聚氨酯混凝土面层质量技术指标 表11-9

检查项目		规定值或允许偏差	试验方法
抗压强度(MPa)		≥30.0	GB/T 50081—2019
厚度 (mm)	规定值	±3	T 0912
	极值	±4	
平整度 (mm)	规定值	≤3(合格率≥90%)	T 0931
	极值	≤5	
渗水系数(ml/min)		基本无渗水	T 0971

11.7.2 抛丸除锈

根据相关规范,钢桥面抛丸除锈后,应对清洁度及粗糙度进行检验,检查清洁度可以采用目视的方法,通过与标准试样进行对比,以与待测表面外观最接近的样块所标示的粗糙度等级作为评定结果。钢桥面表面处理后,还应使用粗糙度仪对粗糙度进行检查,不合格部分应重新处理。钢桥面抛丸技术要求见表11-10。

钢桥面抛丸技术要求 表11-10

试验项目	单位	技术要求	试验方法	检验频率
清洁度	—	Sa2.5级	标准图谱比较法	1000m²检查6处
粗糙度	μm	60~100	粗糙度仪	1000m²检查6处

11.7.3 防水黏结层

通过划定涂刷区域及控制用量,达到控制ECO改性聚氨酯黏结剂厚度的目的,采用目测的方法检验黏结剂均匀性,黏结层应符合表11-11的技术要求。

ECO改性聚氨酯黏结剂技术要求 表11-11

检测项目	检查频度	质量要求或允许偏差	试验方法
用量	3点/1000m²	钢桥面:0.15~0.3kg/m²	T 0982
均匀性	随时	无漏涂	目测

11.7.4 ECO改性聚氨酯混合料

ECO改性聚氨酯混合料技术要求,应符合表11-12所列的技术要求。对于不能满足该技术要求的部分,应及时返工。

ECO改性聚氨酯混合料技术要求 表11-12

类型及组成		检查项目	检查频率	质量要求	试验方法
改性聚氨酯混合料	改性聚氨酯结合料	拉伸强度	1次/批	≥10MPa	GB/T 1040
		断裂伸长率	1次/批	≥25%	GB/T 1040
	集料	颗粒组成(筛分)、含水率	1次/批	≤0.3%	T 0305
	混合料	抗压强度	1次/d	≥30.0	GB/T 50107
		动稳定度(70℃)	必要时	≥12000	T 0719
		冻融劈裂强度比	必要时	≥85	T 0729

12 透层、封层和黏层

12.1 透层

12.1.1 一般规定

(1)透层施工前,应彻底清除原路面的泥土、杂物,修补坑槽、凹陷。

(2)透层施工宜采用智能型洒布车一次均匀洒布,对于部分洒布量不够或未洒到位的区域应及时进行补洒。

(3)沥青洒布应首先选择试验段进行试洒,确认沥青质量、稠度、用量、渗透性等指标满足技术要求,沥青洒布车行走速度、喷嘴型号、喷洒调试、喷雾工况适宜后,方可正式施工。

(4)沥青洒布车喷嘴的轴线应与路面垂直,并保证所有喷嘴的角度一致,同时保证洒布管的高度,宜使同一位置能够接受2个或3个喷洒嘴喷洒。

(5)当遇到气温低于10℃、大风、即将降雨的情况之一时,不得进行透层施工。

(6)透层施工结束后,应立即进行封闭管理,避免后期污染。

12.1.2 材料要求

宜采用慢裂的洒布型乳化沥青(PC-2),洒布量应为(1.0±0.3)kg/m²,乳化沥青中残留物含量不得低于50%,宜通过试洒确定洒布量。透层油喷洒后通过钻孔或挖掘确认透层油渗透入基层的深度宜不小于5mm,并能与基层连结成为一体。乳化沥青(PC-2)的技术指标要求如表12-1所示。

乳化沥青(PC-2)技术指标要求　　　　　　　　　　　　表12-1

试验项目		指标	试验方法
破乳速度		慢裂	T 0658
粒子电荷		阳离子(+)	T 0652
筛上残留物(1.18mm筛)(%)		≤0.1	T 0652
黏度	恩格拉黏度 $E25$	1~6	T 0622
	道路标志黏度 $C25.3$(s)	8~20	T 0621
蒸发残留物	残留分含量(%)	≥50	T 0651
	溶解度(%)	≥97.5	T 0607
	针入度(25℃)(0.1mm)	50~300	T 0604

试验项目		指标	试验方法
蒸发残留物	延度(15℃)(cm)	≥40	T 0605
常温存储稳定性 (%)	1d	≤1	T 0655
	5d	≤5	

12.1.3 施工要点

(1)应在上基层施工完后,待表面稍干,立即喷洒透层油;透层每次施工段落长度根据洒布车装油的数决定。

(2)透层油宜采用智能型沥青洒布车喷洒,具体的洒布量通过试验确定。透层油喷洒后,基层表面不得有漏洒及浮油现象,施工车辆作用下不得粘起透层沥青。

(3)注意起步、终止以及纵向搭接处的洒布量,花白处应人工补洒,喷洒过量的立即撒布石屑或砂吸油,必要时适当碾压。

(4)洒布完成后应及时封闭交通,不得有车辆通行,待水分蒸发后应尽早施工下封层。

12.1.4 质量控制

(1)透层的质量应符合现行《公路沥青路面施工技术规范》(JTG F40)的有关规定。

(2)透层的检测项目、检测频率、技术标准及试验方法应符合表12-2的规定。

透层检测项目及标准   表12-2

检测项目	检测频率	技术标准	试验方法
外观	随时	外观均匀一致,与下承层表面牢固黏结,不起皮	目测
沥青	每批检查1次	符合设计要求	现行《公路工程沥青及沥青混合料试验规程》(JTG E20)
洒布量	1000m²一组	符合设计要求	洒布时固定容器收集

12.2 封层

12.2.1 橡胶沥青同步碎石封层

12.2.1.1 一般规定

(1)桥面铺装前,应保持混凝土顶面平整、粗糙、清洁,不得有尘土、杂物或油污,尤其必须确保混凝土完全干燥。为彻底清理浮浆,在施工防水黏结层之前,应进行处理。采用精铣刨处理方式进行处理。

(2)封层宜选择干燥、较热的天气施工。当遇到气温低于10℃、大风、即将降雨的情况之一时,不得进行封层施工。

(3)封层施工前,应将下承层表面清扫干净,再用2~3台森林灭火鼓风机将浮灰吹净,必要时用水冲洗;雨后或用水清洗的表面,水分必须蒸发干净。

(4)封层施工应采用智能型同步碎石洒布车一次均匀洒布。

(5)沥青路面下封层均采用橡胶沥青同步碎石封层,厚度按10mm控制。在改性乳化沥青透层洒铺完毕后,施工下面层之前进行下封层铺设。下封层除中央分隔带外在基层顶面全断面铺设,中央分隔带开口部分贯通铺设。

(6)为延缓反射裂缝及减少雨水下渗,老路加铺前应施工一层橡胶沥青同步碎石封层。

12.2.1.2　材料要求

(1)同步碎石橡胶沥青封层基质沥青应采用道路石油沥青(A级70号),其质量要求应满足本指南表9-1的技术要求。

(2)复合橡胶沥青采用70号道路石油沥青、40~80目废胎胶粉和其他沥青改性剂加工而成,复合改性橡胶沥青必须满足表12-3的技术要求。

复合改性橡胶沥青技术指标要求　　　　　　　　　　　表 12-3

项目	单位	指标
软化点($T_{R\&B}$)	℃	≥65
180℃旋转黏度	Pa·s	3.0~4.0
弹性恢复,25℃	%	>60
25℃针入度	0.1mm	40~60
5℃延度	cm	>5
闪点(COC)	℃	≥260
运动黏度	Pa·s	2.0~5.0(180℃)
PG分级	—	PG76-22

(3)集料中粒径小于0.075mm颗粒含量不应大于0.8%;当粉尘含量较大时,可通过沥青拌和楼进行除尘。

12.2.1.3　施工要点

(1)封层道路石油沥青应加热至155~165℃,改性沥青宜加热至165~175℃。

(2)下封层宜在沥青铺装施工前1~2d内进行施工,施工结束后,立即进行封闭管理杜绝后期污染。

(3)橡胶沥青洒布用量为2~2.5kg/m²,同步撒布4.75~9.5mm或9.5~13.2mm单一粒径预拌碎石(PA-13路面底同步碎石封层撒布4.75~9.5mm单一粒径预拌碎石),预拌油石比为0.5%,碎石撒布量以均匀覆盖50%~70%的面积为宜,碎石撒布量为15~22kg/m²,根据试铺情况确定,以满铺、不散失为度、对于局部撒布不足的地方,应人工撒布,然后用胶轮压路机碾压2~4遍。碎石封层施工效果见图12-1。

图12-1 碎石封层施工效果

12.2.1.4 质量控制

封层的检测项目、检测频率、技术标准及试验方法应符合表12-4的规定。

封层检测技术标准 表12-4

检测项目	检测频率	技术标准	试验方法
外观	随时	外观均匀一致,与下承层表面牢固黏结,不起皮,无油包和下承层外露现象	目测
沥青质量	每批次检查1次	符合设计要求	现行《公路工程沥青及沥青混合料试验规程》(JTG E20)
沥青洒布量	1000m²测一组	符合设计要求	洒布时固定容器收集
集料撒布量	每施工段测一次	符合设计要求	撒布时固定容器收集且每施工段总量检查

12.2.2 微表处封层

12.2.2.1 材料要求

(1)微表处封层采用MS-3型级配,设计厚度为1.0cm。

(2)微表处封层用沥青采用拌和型阳离子(BCR)改性乳化沥青(按设计文件选择)。

(3)对于集料,应将超粒径颗粒筛除,然后进行水洗法筛分,严格控制级配。集料通过4.75mm筛孔的合成矿料的砂当量不得低于60%。

12.2.2.2　配合比设计

(1)路面单位不具备条件时,可外委至具有相应资质的检测机构,进行配合比设计和质量控制。

(2)微表处封层用集料级配设计如表12-5所示。

微表处封层用集料级配范围　　　　　　　　　　表12-5

筛孔(mm)	9.5	4.75	2.36	1.18	0.6	0.3	0.15	0.075
级配(%)	100	70~90	45~70	28~50	19~34	12~25	7~18	5~15

(3)确定拌和用水量。根据经验选初始乳化沥青用量为12%,或沥青用量为6.5%,变化用水量进行稠度试验,确定合适的用水量。

(4)确定沥青用量范围。以满足湿轮磨耗试验的磨耗值确定最小沥青用量,以满足负荷轮试验黏附砂量确定最大沥青用量。

(5)试验可拌和时间、初凝时间、固化时间。通过手工拌和确定可拌和时间。通过滤纸表面没有褐色斑点判断初凝时间。

(6)微表处封层混合料技术要求如表12-6所示。

微表处封层混合料技术要求　　　　　　　　　　表12-6

试验项目	单位	BCR改性乳化沥青封层
可拌和时间(25℃)	s	≥120
稠度	cm	2~3
黏结力试验:初凝的黏结力 固化(开放交通时间)的黏结力	N·m	≥1.2 ≥2.0
负荷车轮黏附砂量	g/m²	≤450
湿轮磨耗试验的磨耗值(浸水1h)	g/m²	≤800

12.2.2.3　施工工艺

(1)施工前准备。

①微表处封层施工前,下承层表面的裂缝、坑槽、松散等病害应清理完毕。

②微表处封层应采用稀浆封层车施工,稀浆封层车应具备计量系统准确、计量调整方便、摊铺行驶速度易于控制等功能。

③按配合比设计确定的各种材料用量比例准确配料。为此,应定期和及时(发现偏差较大时)调整稀浆封层车的称量系统(包括输送带转速)。

(2)施工工艺流程。

微表处封层施工工艺流程如图12-2所示。

(3)拌和、摊铺及碾压。

①拌和。混合料的拌和必须均匀,不得有结团、成块或花白现象。出现此类情况时,应

停止铺筑,从矿料级配、油石比及拌和速度、时间等方面检查原因,及时进行调整。

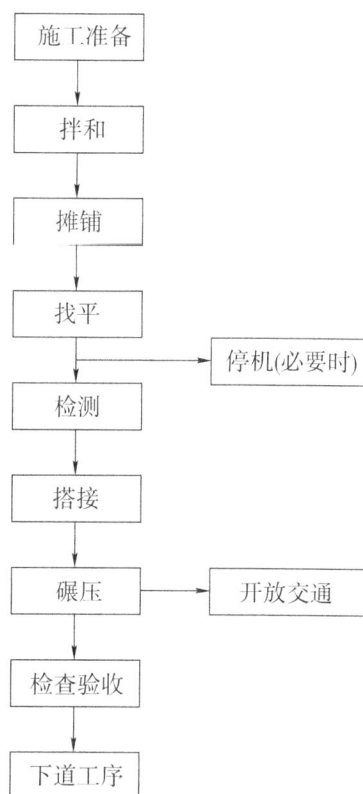

```
            ┌─────────┐
            │ 施工准备 │
            └────┬────┘
                 ▼
            ┌─────────┐
            │  拌和   │
            └────┬────┘
                 ▼
            ┌─────────┐
            │  摊铺   │
            └────┬────┘
                 ▼
            ┌─────────┐        ┌─────────────┐
            │  找平   │───────▶│ 停机(必要时) │
            └────┬────┘        └─────────────┘
                 ▼
            ┌─────────┐
            │  检测   │
            └────┬────┘
                 ▼
            ┌─────────┐
            │  搭接   │
            └────┬────┘
                 ▼
            ┌─────────┐        ┌─────────┐
            │  碾压   │───────▶│ 开放交通 │
            └────┬────┘        └─────────┘
                 ▼
            ┌─────────┐
            │ 检查验收 │
            └────┬────┘
                 ▼
            ┌─────────┐
            │ 下道工序 │
            └─────────┘
```

图 12-2　微表处封层施工工艺流程

②摊铺。摊铺槽四周的橡胶刮板要安装准确牢固,保证槽内混合料按要求摊铺,不发生外漏。

③拌好的微表处混合料流入摊铺箱,当混合料体积达到摊铺箱容积的2/3、在路宽方向布满料后,开动摊铺机以1.5~3km/h的速度匀速前进。摊铺时应保持稀浆摊铺量与搅拌量基本一致,保证摊铺箱中的稀浆混合料的体积为摊铺箱的1/2左右。

④找平。微表处混合料摊铺后,立即使用橡胶耙进行人工找平。找平的重点是过厚、过薄或不平处,对漏铺和稀浆不足处应立即进行修整。找平时尤其应注意超大粒径集料产生的纵向刮痕,应尽快清除并填平路面。

⑤停机。当摊铺机内任何一种料用完时,立即关闭所有材料输送的控制开关,让搅拌筒内的混合料搅拌完,并送入摊铺箱摊铺完毕,摊铺机停止前进。

⑥检测。现场施工人员对摊铺的厚度随时进行测定,如发现厚度不当应及时提醒操作人员调整摊铺厚度。

⑦搭接。两幅纵缝搭接宽度不宜超过80mm,横向接缝宜做成对接缝。接缝处不得出现余料堆积或缺料现象,平整度不得大于6mm。

⑧碾压。微表处封层在破乳初凝后和固化前用轮胎压路机碾压2遍,行驶速度为5~8km/h。如果发现团块或松散等缺陷,应将其铲除重铺。

⑨开放交通。待微表处封层乳液破乳、水分蒸发、干燥成型后开放交通。

12.2.2.4 微表处封层质量检查与验收

(1)微表处封层质量管理包括所用原材料和混合料的试验、铺筑试铺段、工序检查、施工过程中的质量管理和检查。

(2)微表处封层沥青混合料每天应至少抽检两次,检验集料级配及油石比是否符合批准的生产配合比要求。并随时检查铺筑层外观,是否平整、颜色均匀,无花白、无油块、无松石,以及厚度是否符合设计。微表处封层的质量标准如表12-7所示。

微表处封层质量标准 表12-7

检测项目	级配	油石比	厚度	宽度
规定值或允许偏差	符合批准的生产配合比要求	±0.3%	±10%	不窄于下承层
检测频率	每工作日一次	每工作日一次	每千米5处	—

(3)微表处封层原材料的质量管理如表12-8所示。

微表处封层原材料的质量管理 表12-8

材料	检查项目	检查频率
集料	颗粒分析、表观相对密度、砂当量	每500t测1个样品
改性乳化沥青	筛上剩余量、蒸发残留物含量、蒸发残留物试验	每批测1个样品
	粒子电荷、破乳速度、恩格拉黏度$E25$、道路标准黏度$C25.3$、常温储存稳定性、与矿料的黏附性裹覆面积、蒸发残留物溶解度	必要时

12.3 黏层

12.3.1 一般规定

(1)沥青各面层之间应设置黏层。

(2)黏层宜选择干燥和较热的天气施工。当遇到气温低于10℃、大风、即将降雨的情况之一时,不得进行黏层施工。

(3)下承层表面污染物应清除干净,必要时可用水冲刷洗净,待表面干燥后施工黏层。

(4)结构物与沥青层接触部位,应均匀涂刷黏层油,同时还应注意保护桥头、涵顶及路面两侧的结构物不受污染。

(5)黏层施工结束后,应立即进行封闭管理,避免后期污染。

12.3.2 材料要求

(1)黏层沥青宜用快裂或中裂洒布型改性乳化沥青(PCR),乳化沥青用量为0.3~

$0.6kg/m^2$。

（2）乳化沥青用量指包括稀释剂和水等在内的乳化沥青的总量,乳化沥青中的残留固化物含量不小于50%,残留蒸发物针入度（25℃）为40~80（0.1mm）。

（3）黏层质量应满足表12-9的技术要求。

PCR改性乳化沥青技术要求 表12-9

试验项目		指标	试验方法
破乳速度		慢裂	T 0658
粒子电荷		阳离子（+）	T 0652
筛上残留物（1.18mm筛）（%）		≤0.1	T 0652
黏度	恩格拉黏度 $E25$	1~10	T 0622
	道路标志黏度 $C25.3$（s）	8~25	T 0621
蒸发残留物	残留分含量（%）	≥50	T 0651
	溶解度（%）	≥97.5	T 0607
	针入度（25℃）（0.1mm）	40~110	T 0604
	软化点（℃）	≥50	T 0606
	延度（15℃）（cm）	≥40	T 0605
与粗集料的黏附性,裹覆面积		≥2/3	T 0654
常温存储稳定性（%）	1d	≤1	T 0655
	5d	≤5	

12.3.3 施工要点

（1）黏层沥青应在上层沥青混合料施工前1~2d喷洒,在此期间应做好交通管制。

（2）喷洒黏层油之前需对下层进行清扫或清洗。黏层油采用沥青洒布车喷洒,喷洒的黏层油必须呈均匀雾状,在路面全宽度内均匀分布成一薄层,不得有洒花漏空或呈条状,也不得有堆积。

（3）沥青洒布车喷嘴的细线应与路面垂直,并保证所有喷嘴的角度一致,同时保证洒布管的高度,宜使同一位置能够接受2个或3个喷洒嘴喷洒。

（4）对于漏洒的应人工补洒。在路缘石、雨水进水口、检查井等局部位置采用人工涂刷。

（5）喷洒黏层油后,应封闭交通。

12.3.4 质量控制

（1）施工过程中随时进行外观检查,确保黏层油喷洒均匀。

（2）黏层的检测项目、检测频率、技术标准及试验方法应符合表12-10的规定。

黏层检测技术标准   表 12-10

检测项目	检测频率	技术标准	试验方法
外观	随时	外观均匀一致,与下承层表面牢固黏结,不起皮	目测
黏层质量	每批次检查1次	符合设计要求	现行《公路工程沥青及沥青混合料试验规程》(JTG E20)
沥青洒布量	1000m²测一组	符合设计要求	洒布时固定容器收集

13　施工安全保证措施

13.1　组织保证措施

（1）成立以施工单位项目经理为首的安全生产委员会,项目经理为主任委员,是本项目安全管理第一责任人,各职能人员在各个岗位上对实现本项目安全生产的要求负责。项目部安全生产保证体系见图13-1。

（2）安全生产宣传教育形式包括电视录像、墙报板报、案例教育、培训、知识竞赛、开会学习、网络学习等。安全生产宣传教育应根据施工特点和需要设置施工警示标志和标语等,应注重实效,不能搞形式主义。

（3）为不断提高安全管理水平,施工单位应积极进行安全生产宣传、教育和培训,抓好作业人员的岗前、转岗、在岗培训,积极安排人员参加有关安全生产培训。

（4）项目部每季度不少于4次组织员工进行安全生产教育,工区班组的安全生产教育每季度至少一次。新进场人员必须接受安全教育,并签认安全教育登记表后才能上岗。三级教育(项目、工区、班组)资料应张贴到受教育者的工作场所。

（5）在施工现场设置种类安全标志,所有进入施工现场的人员必须穿戴安全防护用品。

13.2　雨季施工及控制措施

雨季施工期间,施工单位加强施工现场的检查,发现问题及时处理。具体安排为:

（1）施工专职安全员密切关注天气情况,加强天气预报资料的收集,有中到大雨及时通报,控制施工长度,各项工序紧密衔接。

（2）施工单位应根据天气情况及时调整工程施工组织计划,坚决杜绝盲目追求进度而忽视质量的现象,始终坚持质量第一的原则,对不符合有关规定和要求的工程,坚决不准施工。

（3）施工单位对雨天施工各道工序检查工作,建立完整的检测记录资料,建立健全施工管理档案,落实责任人,严禁雨天违规施工。

（4）物资部对材料和机械做好防雨覆盖,防止矿粉水泥受潮,以利于雨后迅速恢复生产,同时与试验室配合加强材料的检测工作,对不合格材料坚决清除出场。

（5）根据天气情况及时做好施工调查,加强路面施工现场与拌和站的联系和协调,准确控制混合料的产量,严防混合料浪费。

安全生产保证体系

- 思想保证
  - 安全教育
    - 安全第一
    - 时时事事都讲安全
    - 每月开安全会开展安全宣传
    - 制定宣传教育计划
  - 提高安全意识

- 机构人员保证
  - 项目经理部安全生产领导小组
  - 项目专职安全员
  - 工区负责人
    - 现场施工员
    - 劳务队安全员
  - 全员

- 目标控制
  - 死亡率0
  - 重伤率为亿元产值0.7以下
  - 安全无事故
  - 安全年
  - 下步规划

- 措施保证
  - 协议书责任状
  - 安全技术交底
  - 安全设施档案
  - 安全劳动竞赛
  - 互防定控制点
  - 措施得力
  - 安全信息反馈

- 制度保证
  - 制定制度
  - 定期检查
  - 经常检查
  - 抓好重点
    - 机械车辆
    - 高空作业
  - 制度完善

- 经济保证
  - 经济责任制
  - 安全用款有保障
  - 工资挂钩
  - 安全奖金挂钩
  - 总结评比
  - 奖罚兑现

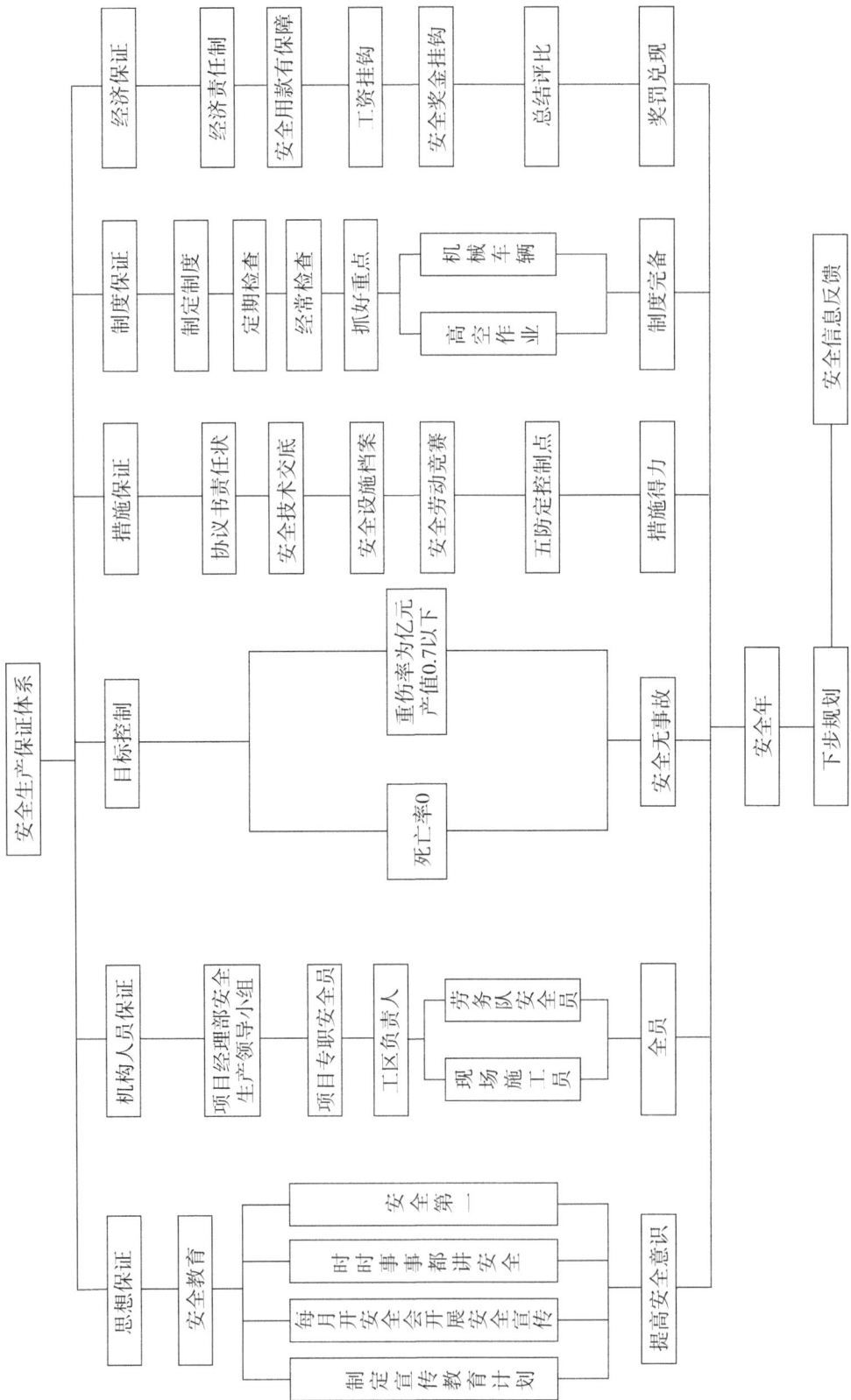

图 13-1 安全生产保证体系

(6)天气不好时,不进行摊铺施工。摊铺中遇雨时,应停止摊铺,并对卸下来的沥青混合料覆盖保温,已摊铺的沥青混合料因遇雨未行压实的应予铲除废弃。

13.3　文明施工与环境保护

在采取有效管理、优化施工工艺等综合管理措施的前提下,最大限度地减小对社会和生态环境的影响。保护建设路域社会和生态环境,以较低的资源代价和环境代价换取较高的、良性的公路建设。

(1)施工噪声防治措施。

为保护人员的健康,合理安排工作人员轮流操作高强噪声的施工机械,减少接触高噪声的时间,或穿插安排高噪声的工作。针对筑路机械施工的噪声具有突发、无规则、不连续、高强度等特点,可采取合理安排施工工序等措施加以缓解。

(2)水污染防治措施。

机械和车辆冲洗废水。尽量要求施工和车辆到附近专门清洗或修理点进行清洗和修理。

(3)大气污染防治措施。

集料集中堆放,并采取遮盖措施,以缩小粉尘影响范围。施工道路保持平整,设立施工道路养护、维修和清扫专职人员,保持道路清洁和运行状态良好,材料仓库和临时材料堆放应防止物料散漏污染,仓库四周应有疏水沟系,防止雨水浸湿,水流引起物料流失。粉尘、扬尘、燃料产生的污染物对人体健康有害,对受影响的施工人员应做好劳动保护。

(4)固体废弃物防治措施。

①现场施工弃料统一收集,采用专用车辆运专门的弃料堆,进行集中处置。

②外业进餐后形成的快餐盒应回收到指定的堆放区进行集中处理。

③施工接头产生的沥青混合料废料,应采用编织袋装袋,集中堆放在路旁,并及时安排运输车辆将其运走废弃。不能直接丢弃在边坡。

(5)成品检测防污染措施。

沥青路面钻芯取样时,采用海绵吸附钻芯带出的白浆,钻芯结束后,用水车对钻芯现场进行冲洗,保证路面的洁净。做完渗水试验后,需及时将涂抹的防水玻璃胶清除干净。

13.4　夜间作业的防护措施

(1)必须保证夜间施工期间的照明。

①采用镝灯作为主要照明灯具,固定布置在场地适当位置,保证整个施工场地均有较

好的照明。

②采用临时可移动照明灯具,用于重要施工部位,作为对固定式照明的补充。

(2)夜间施工时,各工序或作业区的结合部位在夜间施工时要有明显的发光标志,各道工序夜间施工时,除当班的安全员必须到位巡查。

(3)对于工期不紧的工序,尽量不安排夜间施工。对于工期较紧的工序及不能中途停止施工的工序,须对施工作业人员进行日、夜班分班,并适当缩短夜间作业班组的作业时间,安排夜间作业人员适当的休息时间,并提供夜餐,减轻夜间作业人员的劳动强度。

(4)充分考虑施工安全问题,尽量不能安排交叉施工的工序同时在夜间进行。

(5)夜间施工时,照明灯光严禁射向来车方向,以免影响驾驶员视角,影响行车。

(6)夜间施工机械的灯光严禁照射来车,必须背光作业。严禁使用强光照明设施。

13.5　机械设备使用安全措施

(1)所有机械设备进场后,由设备部负责人会同安全员和使用机械的人员共同对该机械设备进行进场验收工作,经验收发现安全防护装置不齐全或有其他故障的,在维修好后方可进行安装。同时,在机械设备前后粘贴反光警示标志,车辆运行前后禁止站人。

(2)设备安装调试合格后,应进行检查,并按标准要求对该设备进行验收,经施工单位组织验收合格后方能正常使用。

(3)使用前要对设备使用人员进行必要的安全技术交底和教育工作,使用人员必须严格执行交底内容及按操作规程操作。

(4)使用中要经常对该设备进行维修保养,停止使用后切断电源并锁好电闸箱。

(5)各种机械设备必须专人专机,凡属特种设备,其操作负责人要按规定每周对施工现场的所有机械设备进行检查,发现问题及隐患及时解决处理,确保机械设备的完好,防止机械伤害事故的发生。

(6)禁止酒后操作机械、机械带病运转或超负荷运转。

(7)严禁"三无"机车参加施工。机械设备在夜间作业时,应有充分的照明,夜间施工或者停放作业车辆、机械的施工现场应当设置反光警示标志。施工车辆在行驶过程中严禁超速行驶和超载。机械设备定点停放,夜间有专人看管。

(8)禁止对运转中的机械设备进行维修、保养等作业。

13.6　施工现场安全用电措施

(1)施工现场配电箱采用有效的防护,按"一、二、三级"分类。现场所有开关应按"一机、一闸、一箱、一漏"原则配置,由持证电工负责管理,并编号、挂牌、上锁。

(2)现场移动电气设备应使用橡皮绝缘电缆,电箱架高60cm以上。电箱内开关电器必须完整无损,接线正确,电箱内设漏电保护器,选用合理的额定漏电动作电流进行分级匹配。配电箱设总熔断丝、总开关,动力和照明分别配置,金属外壳电箱做接地或接零保护。开关箱与用电设备实行一机一闸控制,统一移动开关箱严禁有380V和220V两种电压等级。

(3)所有电气设备按规定安装漏电保护装置,并有良好的接地保护措施,接地采用角钢、圆管或钢筋,其截面积不小于48mm²,一组两根接地之间间距不小于2.5m,分配电箱必须有负接地。

(4)各种机电设备检修、维护时应断电、停运转,如需要试运转,须有针对性的保护措施。

(5)安装、维修或拆除临时用电工程,必须由电工完成,电工必须持证上岗,实行定期检查制度,并做好检查记录。专职电工对现场电气设备每月进行巡查,项目部每月对施工用电系统、漏电保护器进行一次全面系统的检查。

(6)严禁将电线拴在铁扒钉、钢筋或其他导电金属物上,电线必须用绝缘子固定,配电导线必须保证与邻近线路或设施的安全间距。

(7)对新调入工地的电气设备,在安装使用前,必须进行检验测试。经检测合格方能投入使用。

(8)配电箱设在干燥通风的场所,周围不得堆放任何妨碍操作、维修的物品,并与被控制的固定设备距离不得超过3m。安装和使用执行"一机、一闸、一箱、一漏"的原则,不能同时控制两台或两台以上的设备,以免发生误操作事故。

(9)配电箱应标明其名称、用途,并做出分路标志,箱门应配锁,现场停止作业1h以上时,应将开关箱断电上锁。

(10)照明专用回路设专用漏电保护器,灯具金属外壳做接零保护。在潮湿和易触及带电体的照明电源必须使用安全电压,电气设备架设或埋设必须符合要求,并保证绝缘良好。任何场合均不能拖地。

13.7　作业人员防护措施

(1)对从事特种作业的人员,应经过专业培训,持证上岗。

(2)进入施工区域作业人员和管理人员,应按照规定佩戴、使用劳动安全防护用品,不得使用不合格的防护用品。作业时,作业人员必须佩戴安全帽、穿戴反光背心,穿特定劳保鞋,防止烫伤。

(3)新进作业人员要经过岗位技术培训和交底,合格后方可上岗作业。

（4）作业前，作业人员必须参加班前安全教育。现场管理人员应做好班前安全教育，检查作业人员安全防护措施佩戴是否齐全，对施工中的危险源进行交底。

（5）人机配合作业时，作业人员思想要集中，保持合适的安全距离，不违章指挥作业，时刻当心机械伤人事故的发生。

14 主要生产危险源及管理措施

14.1 触电事故处理

发生触电后,重点是人员抢救,要贯彻"迅速、就地、正确、坚持"的触电急救八字方针,迅速报告抢险组,根据现场情况,制定临时抢险方案,然后组织相关人员按既定方案进行抢险,并按如下措施处理:

(1)首先要尽快使触电者脱离电源,然后根据触电者的具体症状进行对症施救。

(2)脱离电源的基本方法有:将出事附近电源开关刀拉掉,或将电源插头拔掉,以切断电源;用干燥的绝缘木棒、竹竿、布带等物将电源线从触电者身上剥离或者将触电者剥离电源,必要时可用绝缘工具(如带有绝缘柄的电工钳、木柄斧头以及锄头)切断电源线;救护人员可戴上手套或在手上包缠干燥的衣服、围巾、帽子等绝缘物品拖拽触电者,使之脱离电源。

(3)如果触电者由于痉挛手指紧握导线缠绕在身上,救护人员可先用干燥的木板塞进触电者身下使其与地绝缘来隔断入地电源,然后再采取其他办法把电源切断。

(4)如果触电者触及断落在地上的带电高压导线,且尚未确证电路无电之前,救护人员不可进入断线落地点8~10m的范围内,以防止跨步电压触电。进入该范围的救护人员应穿上绝缘靴或临时双脚并拢跳跃地接近触电者。触电者脱离带电导线后应迅速将其带至8~10m以外立即开始触电急救;只有在确证线路已经无电,才可在触电者离开触电导线后就地急救。

(5)在使触电者脱离电源时应注意的事项:未采取绝缘措施前,救护人员不得直接触及触电者的皮肤和潮湿的衣服;严禁救护人员直接用手推、拉和触摸触电者;救护人员不得采用金属或其他绝缘性能较差的物体(如潮湿木棒、布带等)作为救护工具;在拉拽触电者脱离电源的过程中,救护人员宜用单手操作,这样对救护人比较安全。

(6)当触电者位于高位时,应采取措施预防触电者在脱离电源后坠地摔伤或摔死(电击二次伤害)。

(7)触电者未失去知觉的救护措施:应让触电者在比较干燥、通风暖和的地方静卧休息,并派人严密观察,同时请医生前来或送往医院诊治。

(8)触电者已失去知觉但尚有心跳和呼吸的抢救措施:应使其舒适地平卧着,解开衣服以利呼吸,四周不要围人,保持空气流通,冷天应注意保暖,同时请医护人员前来或送往医院诊治。若发现触电者呼吸困难或心跳停止,应立即施行人工呼吸及胸外心脏按压。

(9)对"假死"者,应立即按心肺复苏法就地抢救。

14.2 施工机械伤害

发生机械操作伤害后,迅速报告抢险组,根据现场情况,制定临时抢险方案,然后组织相关人员按既定方案进行抢险,并按如下处理实施:

(1)立即停止现场作业,关闭使用中的机械。

(2)在事故现场内设立警戒区,禁止无关人员进入,保护好现场,配合应急救援小组调查伤亡伤害原因。

(3)对人员进行抢救,查明机械事故原因。

(4)制定有效的预防措施,防止此类事故再次发生。向所有人员进行事故教育。

14.3 易燃易爆物品引起的火灾爆炸事故

易燃易爆物品一旦发生火灾或爆炸事故,情况就非常危险。工地上通常使用和存储的易燃易爆物品有汽油、柴油、爆炸物品、氧气、乙炔、生活驻地电线线路及试验室常用的酒精等化学可燃试剂。如果发生事故,应立即采取措施。

(1)火灾就是命令,一旦发生火灾,在场的每一个人都要立即利用一切可以利用的工具进行灭火。火灾初期是最佳的灭火时间,驻地人员应以最快的速度组织人员灭火;如若可使用机械设备,机械应选择有利地形,清除地表可燃物质,将火区隔离;如遇到大风应观测风向,注意保护人员及灭火设备的安全。

(2)在灭火的同时要尽快向119报警,一定要讲清详细地址、行走路线和燃烧物品种类、为消防人员携带灭火器作参考。

(3)单位上级领导接到火警报案后,要立即组织人员赶往出事现场:

①维护现场秩序;

②调查、询问引起火灾原因及起火材料;

③向消防指挥人员介绍情况;

④关闭火灾现场供电系统;

⑤抢救未燃烧物资;

⑥向当地政府报告火情。

(4)如果火灾现场指挥人员根据易燃品的种类判断出有发生爆炸的可能,要指定专人立即组织人员撤离现场,指定安全集合点,并指定专人做好撤离人员到达集合点人员记录,疏散周围群众,防止爆炸引起的人员伤亡。

(5)配合公安消防部门保护好事故现场,调查事故原因,为处理事故责任人提供证据。

(6)火灾事故后,事故单位要尽快向上级部门如实上报事故损失情况并调查和对有关事故责任人的处理意见。属重大责任事故、失职、渎职者,应依法追究法律责任。

14.4　高温烫伤事故

(1)高温烫伤易造成局部组织损伤,轻者损伤皮肤、现肿胀、水泡、疼痛;重者皮肤烧焦,甚至血管、神经、肌腱等同时受损,呼吸道也可能烧伤,烧伤引起的剧痛和皮肤渗出等因素可能导致休克,晚期出现感染、败血症等并发症而危及生命。

(2)沥青拌和站运行过程中,压力容器、导热油管道等容易造成操作人员烫伤;沥青摊铺现场,施工作业温度高,也容易造成施工人员烫伤。一旦发生烫伤事故,立马启动应急措施并按照如下办法处理:

①当发生烫伤事件后,现场人员及时将烫伤人员脱离危险区域,同时向应急救援工作领导小组成员汇报。

②应急救援工作领导小组接到通知后立即对险情进行评估,根据评估结果确定应急响应等级并启动预案。迅速派人赶到事故现场,组织处理事故并及时向驻地监理及建设单位(总监办)汇报情况。

③立即在现场用冷水将受伤者进行降温,以减少高温对皮肤的灼伤,同时联系医院。不得使用冰水冲洗,防止冻伤。

④不得强行脱烫伤人员的工作服,以免扩大烫伤表皮。

⑤对烫伤严重者,应禁止其大量饮水,以防休克。

⑥现场作业人员应配合医疗人员做好受伤人员的紧急救护工作,应急小组成员做好现场的保护、拍照、事故调查等善后工作。

附录A 路面试验段总结报告编写要求

A.1 垫层、底基层、基层试铺

垫层、底基层、基层等结构层试铺完成并经检测后,应及时进行试铺总结的编写工作。试铺总结按以下顺序和内容进行编写。

A.1.1 试验段概况

试验段概况包括桩号、长度、面层结构类型、下承层准备情况、施工日期、施工单位、中心试验室、驻地监理单位、施工天气情况(温度、湿度、风力)等。

A.1.2 批准的配合比

批准的配合比包括场地原材料性能检测结果(集料、水泥)、矿料级配组成,水泥(石灰)、碎石的比例,标准击实、7d无侧限抗压强度(或CBR)等试验结果。

A.1.3 机械设备与人员组成

(1)使用的主要机械设备和数量。
(2)人员组成情况及分工职责。

A.1.4 混合料拌和

(1)拌和机型号、上料速度、拌和数量、拌和时间、卸料方式等。
(2)验证混合料配合比:试拌混合料的集料级配、混合料配合比、混合料含水率等。

A.1.5 混合料摊铺

摊铺机梯队作业情况、料车卸料方式、摊铺速度、厚度控制及找平方式、消除摊铺离析的技术等。

A.1.6 混合料碾压

应至少有两种不同的碾压组合方式(应确保达到要求的压实度),每种方案包括碾压机具的选择、组合方式、压实顺序、碾压速度及遍数(列表说明)等。

A.1.7　铺层松铺系数

铺层松铺系数用定点测量下卧层表面高程、面层松铺高程、面层压实高程等计算得到，测点数应大于30。测量数据应在总结中列出。

A.1.8　施工接缝处理方法

两台摊铺机中间接缝、施工缝的处理方法，确保接缝处铺层的压实度和外观均匀性符合规定的方法。

A.1.9　试验段各项技术指标检查结果

体现试验段各项技术指标检查结果，标识不合格的检测指标。

A.1.10　试铺存在的问题及分析

介绍试铺过程中存在的问题及造成原因分析。

A.1.11　结论意见

(1)试铺是否成功,建议施工用的配合比。
(2)建议施工产量及作业长度。
(3)正式施工中需改进的若干建议。
(4)对开工申请中施工组织设计的修改建议。
(5)确定施工组织及管理体系、质保体系。
(6)安全保障措施、应急预案。

A.2　沥青路面面层试铺

沥青路面试铺用正式表报批,放在总结的首页,按以下内容编写。

A.2.1　试铺路段概况

试铺路段概况包括桩号长度、面层结构类型、下承层准备情况、施工日期、施工单位、中心试验室、监理单位、施工天气情况(温度、湿度、风力)等。

A.2.2　批准的目标配合比和生产配合比

(1)原材料质量:包括原材料产地品种、全套指标检测结果。
(2)目标配合比:批准的目标配合比试验结果。

(3)生产配合比:包括各热料仓集料、矿料筛分结果,密度试验结果,矿料级配组成,最佳沥青用量(油石比)的沥青混合料全套技术指标试验结果。

A.2.3　机械设备和人员组成

(1)使用的主要机械设备和数量。

(2)人员组成情况及分工职责。

A.2.4　沥青混合料试拌

(1)拌和机的拌和方式:拌和机型号、上料速度、拌和数量、拌和温度(沥青温度、集料温度)、拌和时间(干拌时间、湿拌时间、加料卸料时间)等。

(2)验证沥青混合料配合比:试拌沥青混合料技术指标,确定试铺用沥青混合料的配合比。

A.2.5　沥青混合料摊铺

摊铺机作业情况、料车卸料方式、摊铺温度、摊铺速度、初步振捣夯实的方法和强度、熨平板预热方式和温度、厚度自动控制及找平方式、消除铺面离析、油斑的技术等。

A.2.6　沥青混合料压实方案

应至少有两种压实方案(应确保达到要求的压实度)。每种方案包括压实机具的选择、组合方式、压实顺序、碾压速度及遍数、碾压温度等。

A.2.7　面层松铺系数

面层松铺系数用定点测量的下卧层表面高程、面层松铺高程、面层压实高程方法计算得到,测点数应大于30。测量数据应在总结中列出。

A.2.8　施工缝处理方法

两台摊铺机中间接缝的处理方法,确保接缝处面层的压实度、渗水系数和外观均匀性符合规定的方法。

A.2.9　试铺路段各项技术指标检查结果

(1)施工单位每种碾压方案钻芯取样数不少于10个,渗水系数测点不少于15个。

(2)中心试验室、驻地监理单位可与施工单位共同钻取芯样,试样共享,分别测定;独立完成渗水系数测定不少于10点。

(3)以上各单位均应计算试验段的各热料仓比例,并与生产配合比进行比较。

A.2.10　试铺存在的问题及分析

介绍试铺过程中存在的问题及原因分析,提出解决措施。

A.2.11　结论意见

(1)试铺是否成功,建议施工用沥青混合料配合比。

(2)建议施工产量及作业段长度。

(3)正式施工中需要改进的若干建议。

(4)对开工申请中施工组织设计的修改建议。

(5)确定施工组织及管理体系、质保体系等。

(6)安全保障措施、应急预案。

附录B　沥青质量管理办法

B.1　沥青供应管理

（1）沥青供应商不得更换中标品牌，特殊情况下如需更换品牌，应经建设单位（总监办）书面批准。供应商未经批准调换品牌或提供假冒伪劣产品，一经发现，将按所供应数量处以5倍罚款；数量巨大或造成工程质量事故的，除终止合同外，还将追究当事人（单位）的相关责任。

（2）沥青的中转、存放和运输，应在施工单位和驻地监理单位的监督下采用"分类存放，先进先出"的原则进行。材料中转仓的规模、设施配备、堆放场地及办公场所应满足合同强制性标准及建设单位（总监办）的要求，且24小时专人管理。中心试验室、驻地监理单位和施工单位有权对其实施检查，督促整改。驻库代表对沥青中转库进行全过程监控，中转库中每天沥青数量增减应进行登记造册，并由驻库代表签字确定，施工单位有权停止使用未进行登记的沥青库。

（3）供应商应提前一周知会建设公司运输船到岸细节，包括合同号、货物描述、数量、船（车）名、提单号、装运地、起运日期、目的港口和预计抵达日期等内容。

（4）沥青到岸时应由驻库代表对沥青从船泵（沥青运输车）至储存罐的转移进行全过程监控，并在卸船（车）完毕后，对该储存罐进行铅封，记录编号、储存数量等相关资料，收集、保存该船（车）沥青的以下资料文件：每船（车）购货时的货物原产地证明、装船（车）单、装箱单、出厂检验报告、检验报告、报关单、购货合同和进货发票。供应商应在货到后的15个工作日内提供商检报告。上述资料如果供应商提供的是复印件，应加盖供应商公章。

（5）第一批次普通沥青卸货时，供应商代表、中心试验室代表、驻地监理单位代表和施工单位代表应按有关标准在储存罐内取样，共取3组/（罐·批）。其中1组样品由施工单位、驻地监理单位和供应商代表一起送至建设单位（总监办）指定的具有中国计量认证资质和公路工程综合甲级资质的检测单位进行国标全套指标和美国SHRP沥青PG性能等级检验。取样频率按每船（车）1次。另外2组样品分别由中心试验室和供应商保存。只有该批次沥青资料齐全并能证明货物的合法性和真实性，送样全套指标符合相关合同文件的技术要求后，该临时储存罐方可启用；若不满足要求，供应商应收回相关数量的沥青材料重新供应符合技术要求的沥青。

（6）应加强对改性沥青的质量抽检工作。应由驻地监理单位、施工单位和供应商代表按相关标准在改性沥青加工生产厂家或到场改性沥青运输车上取样并送检,每次取样4组/(罐·批),取样频率以每2000l为一个批次进行检验,另外3组样品由中心试验室、施工单位、供应商各保存1组。

(7)建设单位(总监办)有权加大沥青产品的抽样外检频率。如试验项目指标全部或部分不满足招标文件或购销合同的技术要求,供应商应无条件收回相关数量的沥青材料,重新供应符合有关技术要求的沥青材料。

(8)沥青的中转、存放和运输,应在驻地监理单位的监督下进行。沥青的中转仓库规模、设施设备、堆放场地及办公场所应满足合同强制性标准及建设单位(总监办)的要求,24小时有专职人员管理和监督。建设单位(总监办)、中心试验室和驻地监理单位有权对其进行随机检查并提出整改要求,供应商应予以改善。

B.2　沥青运输及装卸管理

(1)沥青供应商应保证项目所用沥青在指定码头由中心试验室或驻地监理单位所封存的储存罐中装运,并负责将沥青运送到施工单位指定的沥青罐。

(2)供应商应采用专用封条对装车完毕的沥青运输车进行封闭。在装车之前应通知驻库代表,装车过程应有驻库代表旁站,并按规定格式填写运送单,运送单应包含驻库代表签名和发车时间,完善各类签认手续并留存。

(3)供应商应为沥青运输专用车辆加装全球定位系统(GPS),且保证车况良好。建设单位(总监办)、中心试验室、驻地监理单位和施工单位有权随时通过GPS对运输专用车辆进行监控,确保沥青运输车辆为该项目固定所用。沥青运输车队应提前向建设单位(总监办)及施工单位提供沥青运输专用车的有关资料(车牌号、驾驶员姓名、身份证号码、联系电话等)。

(4)装车完毕后应在车辆的进料口(上)和出料口(下)处用带编码封条封口,并详细填写沥青运输/质量监控表,完善各类签认手续。

(5)沥青供应商、沥青运输车队应控制好沥青出库及到达工地现场的温度。普通沥青的出库温度应在130~140℃之间,到达工地现场的温度应不低于110℃;改性沥青的出库温度应在150~160℃之间,到达工地现场的温度应不低于140℃。

(6)沥青运输车辆在沥青库装货并出库后24h内到达项目路面标拌和站,超过时间的,施工单位可拒绝卸货签收。

(7)施工单位应为沥青运输车提供汽车便道和卸货作业场地,并提供符合施工要求的沥青储存罐。施工单位应确保拌和站沥青储存罐有计重,规格标识,温度与液位显示有效。

(8)沥青运输车辆到达施工单位拌和站后,施工单位应积极配合,为车辆卸货提供方便,4h内完成相关检测,合格后1h内卸入指定的沥青储存罐。如因施工单位的原因,导致沥青的温度下降,造成的相应损失应由施工单位负责。

(9)沥青库、沥青运输车队、施工单位等各方应严格注意安全问题。沥青库、施工单位应在沥青储存罐卸油处设置专门的卸油槽($1 \sim 2m^3$),以免在装、卸沥青时出现安全事故。如施工单位未设置专门的卸油槽或未安排专人管理安全作业,导致在卸油过程中发生安全事故的,由施工单位负责。

(10)沥青运至施工现场后,施工单位应保证随时有专职材料员在现场进行验收。

B.3　沥青的验收及外观鉴定

(1)沥青现场验收应由运输车辆驾驶员、施工单位的专职材料员、驻地监理共同参与,联合验收。

(2)沥青现场验收应符合以下规定:

①供应商应随车提供产品质量相关文件,包括对应批次的产品合格证、自检报告(国标全套)沥青运输质量监控表等,用于沥青材料的现场验收。

②现场验收时,验收人员应对上述供应商随车提供的产品质量相关文件、运输车上的封条(铅封)、随车的沥青运送单、运输车号、到货时间等情况进行检查和确认,并做相应记录。如发现情况异常或不符合规定的,验收人员有权拒绝卸货,因此造成的损失由供应商负责。

③如果施工单位使用未经验收人员联合验收的沥青,其质量责任由施工单位承担,同时建设单位(总监办)有权拒绝对该部分沥青进行结算。

(3)抽样检查应符合以下规定:

①验收合格后,施工单位每批次抽取4个样品进行封存,施工单位留存1个样品,其余的送中心试验室、驻地监理单位留存,封存样品应由施工单位的专职材料员和驻地监理人员共同签名确认,驻地监理应对材料验收的全过程进行监督,在沥青使用过程中如发生质量争议,以封存样品的检验结果为准。

②封存样品取样方法:运输车辆到达标段开始卸货20min后,直接在车辆卸油管口取样,不能直接在车顶、卸油槽或工地储罐内取样。

(4)沥青应在试验项目指标全部满足招标文件、购销与供应合同的相关技术要求时,施工单位才可以将其应用于路面工程。若施工单位的试验项目指标全部或部分不满足相关技术要求,则由中心试验室对相应沥青样品进行日常指标检测,对于70号沥青主要进行三大指标检测、油源稳定性(光谱仪)检测;对于改性沥青主要进行三大指标、改性剂掺量(光谱仪)检测。

（5）施工单位和驻地监理单位应相应建立各自的沥青试验检测及进场台账，并由驻地监理工程师负责复核汇总，每月汇总上报建设单位（总监办），抄送供应商。驻地监理工程师应每月对施工单位的实际沥青用量与理论用量进行复核对比，并将复核情况上报建设单位（总监办）。

（6）检验结果存异处理应符合以下规定：

①若供应商、建设单位（总监办）、中心试验室、监理单位、路面咨询单位或施工单位中的一方或多方对检验结果存在异议，应由施工单位和供应商将由驻地监理工程师封存的样品送往各方共同认可的具有中国计量认证（CMA）的检验机构做全套指标检测。

②若供应商、建设单位（总监办）、中心试验室、监理单位、路面咨询单位或施工单位中的一方或多方对上述检验结果仍有异议，应由施工单位和供应商将由施工单位封存的样品送往招标文件指定的质量仲裁机构做全套指标检验，此检测结果为最终结果。

附录C　拌和楼信息化管理系统报警触发条件

（1）沥青混合料拌和楼信息化管理系统应包括沥青混合料生产过程中各档材料实际用量和沥青实际用量与设计配合比用量的偏差、拌和时间、产能统计、出料温度等监控内容。沥青混合料拌和报警触发条件推荐值如表C-1所示。

沥青混合料拌和报警触发条件推荐值　　　　　　　　　　表C-1

项目		初级报警偏差	高级报警偏差
油石比		[-0.3%，-0.2%]，[0.2%，0.3%]	>0.3%，<-0.3%
矿粉用量		[-1.0%，-0.5%]，[0.5%，1.0%]	>1.0%，<-1.0%
水泥用量		[-1.0%，-0.5%]，[0.5%，1.0%]	>1.0%，<-1.0%
集料粒径0~3mm		[-2.0%，-1.5%]，[1.5%，2.0%]	>2.0%，<-2.0%
集料粒径3~6mm		[-4.0%，-3.0%]，[3.0%，4.0%]	>4.0%，<-4.0%
集料粒径6~10mm		[-5.0%，-4.0%]，[4.0%，5.0%]	>5.0%，<-5.0%
集料粒径10~18mm		[-5.0%，-4.0%]，[4.0%，5.0%]	>5.0%，<-5.0%
集料粒径10~22mm		[-5.0%，-4.0%]，[4.0%，5.0%]	>5.0%，<-5.0%
集料粒径20~30mm		[-5.0%，-4.0%]，[4.0%，5.0%]	>5.0%，<-5.0%
关键筛孔通过率	0.075mm	[-2.0%，-1.0%]，[1.0%，2.0%]	>2.0%，<-2.0%
	≤2.36mm	[-4.0%，-2.0%]，[2.0%，4.0%]	>4.0%，<-4.0%
	≥4.75mm	[-5.0%，-3.0%]，[3.0%，5.0%]	>5.0%，<-5.0%
拌和时间		普通沥青小于40s，改性沥青小于50s(60s)	普通沥青小于35s，改性沥青小于45s(55s)
70号普通沥青出料温度		>165℃，<145℃	>185℃，<135℃
SBS类改性沥青出料温度		>185℃，<170℃	>190℃，<150℃

注：表中括号中的数值是对SMA、PA或其他添加纤维的沥青混合料要求。

（2）水泥稳定碎石拌和机信息化管理系统应包括水泥用量、各档集料、用水量等监控内容。水泥稳定碎石拌和报警触发条件推荐值如表C-2所示。

水泥稳定碎石拌和报警触发条件推荐值　　　　　　　　　　表C-2

项目	初级报警偏差	高级报警偏差
水泥用量	[-1.0%，-0.5%]，[0.5%，1.0%]	>1.0%，<-1.0%
细集料用量	[-5.0%，-3.0%]，[3.0%，5.0%]	>5.0%，<-5.0%
粗集料用量	[-6.0%，-3.0%]，[3.0%，6.0%]	>6.0%，<-6.0%
用水量	[-2.0%，-1.0%]，[1.0%，2.0%]	>2.0%，<-2.0%

附录D　路面质量通病及防治

D.1　水泥稳定级配碎石基层松散

D.1.1　主要原因分析

(1)水泥稳定级配碎石的设计强度过低。

(2)混合料拌和均匀性差或水泥剂量不足。

(3)混合料摊铺、碾压不及时,混合料延迟时间过长。

(4)养护不及时、养护方式不合理。

(5)强度不足或过早开放交通。

(6)开放交通后车辆超载运输。

(7)压实度不足。

(8)配合比不合理,集料偏多或计量系统不准导致配合比偏离,或施工离析严重。

D.1.2　防治措施

(1)水泥稳定级配碎石的设计强度不宜低于3MPa。

(2)定期对拌和机的计量系统进行标定,保证水泥的计量符合设计要求。

(3)保证水泥稳定级配碎石的延迟时间在水泥的初凝时间之前。

(4)及时覆盖保水养护并进行交通管制。

(5)严禁大型超载运输车在基层上通行。

(6)应加强碾压的均匀性。

D.2　水泥稳定级配碎石(底)基层开裂严重

D.2.1　主要原因分析

(1)水泥稳定级配碎石级配不佳,0.075mm通过率偏大。

(2)水泥用量偏大,含水率偏大。

(3)混合料拌和均匀性差。

(4)养护不及时、养护方式不合理。

（5）水泥稳定级配碎石强度不足或过高、过早开放交通。

（6）开放交通后车辆超载运输。

（7）水稳基层暴露时间长,暴露期间温差较大。

D.2.2　防治措施

（1）水泥稳定级配碎石采用骨架密实型级配。

（2）合成级配0.075mm筛孔以下的含量不超过5%。

（3）碾压时含水率不超过允许范围。

（4）水泥稳定级配碎石采用振动成型法设计,提高抗裂性能。

（5）及时覆盖保水养护并进行交通管制。

（6）严禁"前四后八"的大型超载运输车在（底）基层上通行。

（7）采取措施确保水稳基层强度满足要求。

（8）施工过程中要采取措施,防止停机等料。

（9）应尽量缩短水稳基层暴露时间,水稳基层养护完毕后,应尽快施工上承层。

D.3　路面结构层整体性差

D.3.1　主要原因分析

（1）路面结构层污染严重。

（2）上、下基层之间未洒布水泥浆。

（3）改性乳化沥青施工温度偏低,防水黏结层洒布量偏小。

（4）施工过程中防雨措施不足。

（5）碎石封层洒布不均匀。

（6）透层油、黏层油质量偏差。

D.3.2　防治措施

（1）路基全断面交验,交验路段长度不少于2km。

（2）"零污染"施工组织。路基上、下边坡防护与绿化、排水工程宜在该段水泥稳定级配碎石层施工前完成;护栏底座、中央分隔带填土、土路肩填土等容易污染路面的工序应在沥青层施工前全部完成。

（3）上、下基层之间应洒布水泥浆,增加基层的整体性。

（4）采用合格的改性乳化沥青,施工时重点控制施工温度、防水黏结层的洒布量。

（5）施工过程中做好防雨措施。

(6)采取措施,确保碎石封层撒布均匀。

(7)采取措施,确保透层油、黏层油质量满足规范及设计要求。

D.4　沥青混合料离析

D.4.1　主要原因分析

(1)集料加工时筛网配置不合理,生产的集料规格不符合要求。

(2)集料储存过程中过湿、含水率过大。

(3)拌和时间短,没有搅拌均匀。

(4)没有按规范的方法装料、卸料。

(5)摊铺机的参数设置不正确。

(6)摊铺机频繁收斗。

(7)摊铺机停机等料。

D.4.2　防治措施

(1)集料加工时,根据混合料类型,合理设置振动筛的筛网尺寸,生产规格符合要求的集料。

(2)采用可靠的拌和设备进行混合料拌和。

(3)保证混合料干拌及湿拌的时间。

(4)定期检查拌和叶片的磨损情况,及时更换拌和叶片。

(5)沥青混合料应采取5次装料法进行装料,防止卸料过程产生离析。

(6)摊铺机的参数应正确设置。

(7)施工过程中要采取措施,防止停机等料。

D.5　沥青路面坑槽类损坏

D.5.1　主要原因分析

(1)集料生产及储存过程中潮湿。

(2)集料吸水率过大,大于2%。

(3)集料的含泥量过大或集料与沥青黏附性不足。

(4)沥青混合料的级配设计不合理。

(5)沥青混合料的油石比偏低。

(6)沥青混合料出现粗颗粒离析。

(7)碾压工艺不佳,压实度不足,现场空隙率偏大。

(8)温度离析导致压实度不足。

(9)路面排水系统不完善。

(10)芯洞修补不良。

D.5.2 防治措施

(1)集料破碎、振动筛等环节应采用引风式除尘设备进行除尘,控制集料的粉尘含量。

(2)粗、细集料均应进行覆盖,防止集料含水率过大。

(3)采用吸水率低的集料(吸水率小于2%)生产沥青混合料。

(4)沥青混合料应采用1.0%~2.0%的水泥作为部分填料,增强混合料的抗车辙及抗水损害能力。

(5)沥青混合料设计时,采用合适的油石比,性能检验增加高温浸水飞散试验,检验沥青混合料的水稳定性。

(6)加强沥青路面施工时碾压工序的控制,保证沥青路面的压实度符合要求。

(7)桥面铺装的复压宜采用轮胎压路机或振荡压路机进行碾压,提高桥面沥青铺装的压实度。

(8)宜采用沥青路面全断面渗水状况检测系统,检测新铺沥青路面的渗水状况。

(9)完善路面的排水系统,防止路面结构层内部积水。

(10)芯洞应认真修补、压实。

D.6 沥青路面车辙类损坏

D.6.1 主要原因分析

(1)沥青高温性能差,软化点低。

(2)集料压碎值偏高,粉尘含量大。

(3)沥青混合料级配设计不合理,油石比偏大,高温稳定性不足。

(4)沥青路面的压实度不足。

(5)路面基层强度不足。

(6)开放交通过早。

(7)开放交通后车辆超载运输。

D.6.2 防治措施

(1)采用性能良好的沥青及优质集料,用于沥青面层混合料。

(2)沥青混合料添加2.0%水泥作为部分填料,以增强混合料的抗车辙能力。

(3)在混合料设计方面,采用合理的级配、油石比,采用GTM设计法或70℃动稳定度试验验证混合料高温性能。

(4)沥青混合料拌和过程中,应采用布袋除尘,控制沥青混合料的粉尘含量。

(5)应充分压实,保证沥青混合料的压实度,防止因压实不足而产生压密性车辙。

(6)禁止超载运输车辆在新铺的沥青路面上行驶。

(7)保证基层强度。

D.7　沥青路面抗滑耐久性不足

D.7.1　主要原因分析

(1)磨耗层用集料的磨耗值、磨光值指标不佳,耐磨性不好。

(2)磨耗层混合料类型选择不当,长期抗滑性能不足。

(3)磨耗层沥青混合料设计不合理,长期抗滑性能不足。

D.7.2　防治措施

(1)沥青上面层集料应优先选用辉绿岩、玄武岩等磨耗值小、磨光值高、耐磨性好的岩石加工。

(2)应根据公路的交通量及荷载组成选择磨耗层的类型,对于交通量大、重载车辆较多的路面应采用抗滑耐久性好的SMA-13或SMA-10、高弹性沥青混凝土(HET)等作为磨耗层。

(3)上面层沥青混合料设计时,应综合考虑沥青混合料的高温性能、水稳性能及抗滑性能。

(4)磨耗层试验段完成后应测试路面横向力系数(SFD),并根据检测结果对配合比进行优化。

D.8　沥青路面平整度不佳

D.8.1　主要原因分析

(1)基层的平整度差。

(2)沥青面层用集料备料不足,不能连续生产。

(3)沥青混合料设计不合理,混合料的骨架不强,混合料施工时容易产生推移。

(4)摊铺机功率不足、熨平板调整不到位、振捣参数设置不合理、停机过多。

(5)摊铺机找平方式不合理。

(6)碾压工艺不合理,压路机随意停机,碾压交界段的平整度差。

(7)施工连续性不佳,停机等料及接缝过多等。

(8)沥青混合料摊铺前未对基层或者沥青面层进行清扫。

D.8.2 防治措施

(1)各结构层正式施工前,材料储量应满足连续施工的需要,基层集料备料应达到该结构层所需总量的30%以上,沥青面层集料应达到该结构层所需总量的40%以上。

(2)路面施工大型机械设备实行准入制,路面工程应树立"以设计选设备,以设备保工艺,以工艺保质量"的指导思想。

(3)沥青混合料拌和生产与摊铺和生产应均衡、匹配,保证施工过程中的连续性,减少停机及施工接缝,以保证沥青路面的平整性。

(4)应充分调整摊铺机的参数,达到最佳工作性能,尽量提高沥青混合料摊铺的密实度,保证摊铺面的平整性。

(5)摊铺机尽量保持匀速行驶,保证摊铺的均匀性。

(6)摊铺时应有专人指挥运输车卸料,严禁运输车卸料时撞击摊铺机。

(7)压路机严禁在未碾压完成的沥青层表层停机、紧急制动及快速起步。

(8)沥青混合料摊铺前对基层或者沥青面层进行清扫。

D.9 路面拼接不良

D.9.1 主要原因分析

(1)既有道路硬路肩铣刨不充分,存在夹层。

(2)铣刨台阶松散,搭接处工作面未清理干净,存在松散碎石。

(3)既有道路基层铣刨台阶垂直面、水泥净浆洒布不足。

(4)搭接处防反射裂缝材料铺设宽度不足,且未固定。

(5)搭接处碾压工艺不佳,压实度不足。

(6)软弱路床未彻底处理。

D.9.2 防治措施

(1)铣刨过程中设专人控制铣刨深度,台阶铣刨厚度宜比对应的既有道路路面结构层厚度大,减少夹层。

(2)铣刨施工结束后,采用机械或人工方式对铣刨台阶进行清扫,应将损坏的铣刨台阶修整成规整形状。

（3）摊铺扩建路面水稳层时，宜对既有道路水稳层铣刨台阶垂直面、水平面均匀洒布水泥净浆。

（4）防反射裂缝材料应铺设平整顺直并固定，保证宽度足够。

（5）拼接部位水泥稳定级配碎石基层摊铺、碾压过程中，应采用人工补料等方式，防止拼接缝位置空隙过大、碾压不密实。

（6）控制压路机碾压的速度、振动频率，减少振动压路机对既有道路基层产生扰动破坏。

（7）合理选择软弱路床补强施工方案，并加强施工质量控制。

附录E 沥青红外光谱检测

E.1 一般规定

(1)依据湖北省交通运输厅文件《湖北省交通运输厅关于进一步提升全省公路沥青路面工程质量有关事项的通知》,为进一步强化沥青质量管控,针对本项目70号道路石油沥青和SBS改性沥青宜进行红外光谱检测。70号道路石油沥青红外光谱相似度宜不小于98%;SBS掺量红外光谱检测,掺量偏差应不大于–0.2%。

(2)通过红外光谱试验监控70号石油沥青的原油稳定性,通过红外光谱试验监控SBS改性沥青SBS改性剂的添加量。

E.2 仪器和材料技术要求

E.2.1 红外光谱仪

带有多次反射ZnSeATR附件及相关分析软件。仪器的技术条件如下:

(1)检测环境:温度(23 ± 2)℃,相对湿度(50 ± 10)%。

(2)分辨率:不低于$0.5cm^{-1}$。

(3)光谱范围:$5100\sim600cm^{-1}$。

(4)波数精度:$0.05cm^{-1}$。

E.2.2 剪切机

最大转速不小于6000r/min,处理能力0.5~5 l。

E.2.3 烘箱

200℃,装有温度控制调节器。

E.2.4 盛样器

可加热、广口金属容器(如罐、桶、铝锅),容量1000mL、1500mL、2000mL。

E.2.5 天平

一台感量不大于1mg,一台感量不大于1g。

E.2.6 温度控制器

500℃,装有温度传感器。

E.2.7 加热炉具

电炉或燃气炉(丙烷石油气、天然气)。

E.2.8 硅胶试模

厚度3~5mm。

E.2.9 其他仪具

玻璃棒、三氯乙烯、汽油、一次性橡胶手套、刮刀等。

E.3 方法与步骤

E.3.1 取样

(1)改性沥青从储油罐中取样时,用取样器按液面上、中、下位置(液面高度各为1/3等分处,但距罐底不得低于总液面高度的1/6)各取2~4 l样品,充分混合后取不少于4.0kg的样品作为试样。

(2)改性沥青从沥青桶中取样时,能确定同一批生产的产品时,可以随机取样;不能确定时,每5桶至少取一次不少于5.0kg的试样。

(3)普通沥青取样质量不少于10.0kg,改性剂质量不少于2.0kg,稳定剂质量不少于1.0kg。

E.3.2 准备工作

(1)改性沥青的制备应符合以下规定:

①将装有普通沥青的盛样器带盖放入恒温烘箱中,当沥青试样中含有水分时,烘箱温度为80℃左右,加热至沥青全部熔化供脱水用。当沥青中无水分时,烘箱温度宜为软化点温度以上90℃。沥青试样不得直接采用电炉或者燃气炉明火加热。

②称量SBS改性剂和稳定剂(准确至1mg),备用。

③称取普通沥青至少约1000.0g(准确至0.1g)至干燥、洁净的盛样器中。

④加热炉具,打开温控器调节至170℃左右。

⑤将称量好的热普通沥青放到加热炉具上,添加要求的SBS改性剂。

⑥打开剪切机,调整转速为5000r/min左右剪切1.5h,温度控制在175℃。

⑦加入稳定剂,在180℃剪切1.5h。

⑧改性沥青制作完毕,备用。

(2)标样配制与测试应符合以下规定:

①制备SBS含量分别为3.5%、4.0%、4.5%、5.0%、5.5%的改性沥青。

②取出制备的不同含量的改性沥青,搅拌均匀,制作红外光谱检测试样,同一改性剂含量的试样应不少于5个。

③采用红外光谱仪测试各个试样的红外光谱图。

(3)不同厂家、批次、品牌的SBS改性沥青改性剂含量测定时,应分别制作标样曲线。

E.4 红外光谱试验

E.4.1 改性沥青SBS含量测试

(1)将待测改性沥青加热至熔化状态,搅拌均匀,制作红外光谱检测试样(试样数量应不少于5个)。

(2)采用红外光谱仪测试各个试样的红外光谱图。

(3)按标样曲线计算并查出该试样中SBS含量。

(4)报告同一试样至少平行试验5次,平行试验的结果符合重复性试验允许误差要求时,取其平均值作为试验结果。允许误差重复性试验的允许误差不超过5%。

E.4.2 石油沥青油源稳定性测试

(1)将待测改性沥青加热至熔化状态,搅拌均匀,制作红外光谱检测试样(试样数量应不少于5个)。

(2)采用红外光谱仪测试各个试样的红外光谱图。

(3)按标样曲线查出该试样的匹配程度。

(4)报告同一试样至少平行试验5次,平行试验的结果符合重复性试验允许误差要求时,取其平均值作为试验结果。允许误差重复性试验的允许误差不超过5%。